CRÉEZ ET GÉREZ VOTRE SCI

Groupe Eyrolles
61, bd Saint-Germain
75240 Paris Cedex 05

www.editions-eyrolles.com

© Groupe Eyrolles, 2016

ISBN : 978-2-212-56377-1

Christian Micheaud

CRÉEZ ET GÉREZ VOTRE SCI

**La société civile immobilière
au service de votre patrimoine**

- les bonnes raisons de constituer une SCI
- la rédaction des statuts et les formalités
- la responsabilité des associés
- les pouvoirs du gérant
- les acquisitions et les emprunts de la SCI
- la gestion des liens de la SCI
- la fiscalité
- la transmission des parts sociales

EYROLLES

Sommaire

ALERTES 2016

- SCI et crowdfunding, quel danger ?

Des sites Internet de financement participatif (crowd-funding en anglais) proposent aux particuliers d'investir dans l'immobilier sous deux formes : en prêtant de l'argent à des promoteurs ou en achetant des parts de sociétés qui, elles-mêmes, investissent dans des immeubles destinés à être loués. Cette seconde formule présente des risques importants, surtout si la forme de société retenue est la SCI (voir n° 100).

- SCI et location meublée : à éviter !

Avec airbnb, la location meublée se développe, notamment à Paris et dans les lieux touristiques. Attention, il s'agit d'une activité commerciale, incompatible avec l'objet social de la SCI ! (voir n° 205).

- Plus-values : 22 ans, c'est long !

Avant d'acheter un bien, il faut se demander si l'on n'a pas intérêt à créer une SCI, car si l'on achète en son nom personnel, et que, plus tard, on veut l'apporter à une SCI, il faudra payer l'impôt sur la plus-value ; ou attendre 22 ans pour être exonéré (30 ans pour les prélèvements sociaux) (voir n° 060).

INTRODUCTION

Créez et gérez votre SCI est un ouvrage tous publics qui permet à chacun de savoir s'il a intérêt ou non à réaliser son projet d'acquisition immobilière par le biais d'une SCI. Illustré de nombreux cas pratiques, il va plus loin dans l'exploration des utilisations possibles de la SCI. Il répond ainsi à une demande croissante de sophistication dans l'ingénierie patrimoniale. Mais il le fait en restant facile à lire et compréhensible par tous, même sans connaissances juridiques particulières. Il permet au lecteur de constituer sa propre SCI de famille, sans se priver de l'assistance de son notaire dont l'intervention est obligatoire dès lors qu'il s'agit de constater le changement de propriétaire d'un bien immobilier.

La présentation, dans cet ouvrage, de SCI plus sophistiquées impose toutefois une mise en garde. Certains montages font appel à des notions juridiques, fiscales et comptables complexes. Leur mise en œuvre requiert le concours de professionnels du droit ou du chiffre : notaire, avocat fiscaliste, expert-comptable… Il convient donc de bien mesurer l'avantage, financier et/ou patrimonial, que l'on peut retirer d'une telle opération avant de se lancer dans des dépenses importantes. C'est justement parce que, nous semble-t-il, le jeu n'en vaut pas la chandelle, que vous ne trouverez pas ici l'un des montages les plus complexes qu'il nous ait été donné de voir : l'investisseur détenait ses immeubles au travers d'une cascade de sociétés, civiles ou non, dont la maison mère (holding) était logée au Luxembourg. Une part importante du rendement partait en frais et, plus grave encore, le contrôle des biens était largement dilué au profit d'hommes de loi et... d'hommes de paille !

Plus sagement, le propos est ici, dans une première partie, de dresser un portrait de la SCI et de montrer les avantages qu'elle procure par rapport à d'autres modes de détention à plusieurs de biens immobiliers ; sans jamais passer sous silence les éventuels inconvénients ou les précautions particulières à prendre.

La deuxième partie dresse la liste des situations dans lesquelles la SCI rend de précieux services à ses associés. Chacune des situations est illustrée par un cas pratique, pour bien comprendre les enjeux et le mode de réalisation.

Les trois dernières parties font office de guide pratique pour toute la vie de la SCI : sa création (les choix préalables à arrêter, les actes à rédiger, les formalités à accomplir, etc.) ; son administration (la réalisation de l'objet social, les déclarations fiscales, la tenue des comptes, les assemblées générales, etc.) ; son évolution (l'augmentation de capital, la cession de parts sociales, etc.) jusqu'à sa dissolution et sa liquidation.

Née avec le Code civil en 1804, la SCI est au service du patrimoine depuis plus de deux siècles. À votre tour d'en profiter !

Partie 1

Ce qu'il faut savoir avant de créer une SCI

En forme de préambule, cette première partie précise d'abord ce qu'est une SCI et quels en sont les avantages apportés par rapport à un autre mode de propriété collective, l'indivision. C'est ensuite l'occasion de découvrir, ou de se rappeler, en quoi consiste le démembrement de propriété, un outil de transmission du patrimoine très avantageux dont on aura à se servir dans de nombreux cas exposés dans la partie 2. Enfin, cette partie 1 dresse un panorama des principaux impôts auxquels est confrontée la SCI : ni enfer ni paradis, sa fiscalité se veut neutre. Mais la réforme de la taxation des plus-values, intervenue en 2011, et aggravée en 2013, n'est pas sans incidence, tant s'en faut.

Qu'est-ce qu'une SCI ?

C'est un accord passé, entre deux personnes ou plus, en vue de détenir ensemble un ou plusieurs biens immobiliers. À défaut de définition spécifique dans la loi, nous la définirons ici à travers ses trois composantes : le contrat de société, l'objet civil et la nature immobilière de l'activité.

A. UN CONTRAT DE SOCIÉTÉ

001 – LÉGISLATION APPLICABLE. Née par décret du 8 mars 1804, la société civile est aujourd'hui régie à la fois par les dispositions générales au contrat de société, figurant aux articles 1832 à 1844-17 du Code civil, et par des règles spécifiques prévues aux articles 1845 à 1870-1. Ces textes posent quelques règles dites « d'ordre public », auxquelles il faut se plier sauf à encourir la nullité de la société. Mais la plupart des dispositions n'ont qu'un caractère supplétif, c'est-à-dire qu'elles s'appliquent seulement si le contrat de société (les statuts) n'a pas prévu d'autres règles. Les statuts font la loi des parties.

002 – CONVENTION ENTRE PLUSIEURS PERSONNES. *« La société est instituée par deux ou plusieurs personnes qui conviennent par un contrat d'affecter à une entreprise* *commune des biens ou leur industrie en vue de partager le bénéfice ou de profiter de l'économie qui pourra en résulter. Elle peut être instituée, dans les cas prévus par la loi, par l'acte de volonté d'une seule personne. Les associés s'engagent à contribuer aux pertes »*, dit l'article 1832 du Code civil.

Mais comme la loi n'a pas prévu d'instituer des sociétés civiles unipersonnelles, il faut être au moins deux pour créer une SCI : les conjoints d'un couple marié, des concubins ou les partenaires d'un couple pacsé, des amis ou des relations d'affaires, par exemple. Il n'y a pas de maximum. Mais si le nombre d'associés n'est pas limité en droit, il doit, en pratique, rester raisonnable pour ne pas alourdir la gestion.

003 – Acte écrit. La convention des parties est consignée par écrit dans un acte constituant les statuts de la société. Les statuts doivent faire l'objet de différentes formalités indispensables à la pleine existence de la société (voir n° 129). La signature des statuts est un acte important qui engage chacun des associés.

- C'est pourquoi les associés doivent disposer de la capacité juridique de s'engager. Cette capacité n'est toutefois pas celle requise pour être commerçant. Des mineurs et des majeurs sous tutelle peuvent donc devenir associés sous réserve d'être assistés par leur représentant légal ou tuteur dûment autorisé (voir n° 162).

- L'engagement de tout associé doit être libre, conscient et exempt de tout vice du consentement. Dans le cas contraire, il pourrait invoquer, devant le juge, la nullité du contrat de société sur le fondement de l'article 1109 du Code civil : *« Il n'y a point de consentement, si le consentement n'a été donné que par erreur, ou s'il a été extorqué par violence ou surpris par dol »*, c'est-à-dire par fraude ou par tromperie.

B. Un objet civil

004 – Définition du caractère civil de l'objet. Pour la loi, ont « *le caractère civil toutes les sociétés auxquelles la loi n'attribue pas un autre caractère à raison de leur forme, de leur nature, ou de leur objet* » (article 1845 du Code civil). La société civile ne doit donc pas se livrer à des actes de commerce.

005 – Exclusion des activités commerciales et agricoles. Une SCI utilisée pour l'essentiel à des fins commerciales encourt la nullité. Sur le plan fiscal, elle peut être qualifiée de société commerciale et taxée comme telle. Est autorisée la réalisation d'opérations commerciales réduites, accessoires à l'activité civile.

Une société civile ne peut pas non plus exercer une activité agricole, pour laquelle des formes spécifiques de sociétés sont prévues : le groupement foncier agricole (GFA), la société civile d'exploitation agricole (SCEA), le groupement agricole d'exploitation en commun (GAEC) et l'exploitation agricole à responsabilité limitée (EARL).

006 – Distinction parmi les activités immobilières. Aux termes de l'article L. 110-1 du Code de commerce, sont de nature commerciale les activités de marchand de biens (achat d'immeubles en vue de leur revente, avec ou sans transformation), d'agent immobilier (entremise dans la vente d'immeubles) et d'entrepreneur de construction. En revanche, l'acquisition de biens immobiliers en vue de leur jouissance ou de leur mise en location nue constitue bien une activité civile.

007 – Seule la location de locaux nus, c'est-à-dire non meublés, constitue une activité civile : bail d'habitation pour des logements, bail professionnel pour des bureaux, bail commercial pour des murs de boutiques, par exemple. La location meublée est une activité commerciale, interdite à la SCI (voir n° 204).

C. Une nature immobilière

008 – **Définition.** Est dite « immobilière » la société civile dont l'objet est de posséder et de gérer des biens immobiliers, sinon exclusivement, du moins pour la très grande partie de son patrimoine. Le droit fiscal parle souvent de société « à prépondérance immobilière » : il s'agit de sociétés, civiles ou commerciales, dont les actifs sont majoritairement composés de biens et droits immobiliers.

009 – **SCI ordinaires.** La SCI la plus couramment constituée par les particuliers est soit une « société civile patrimoniale », dont l'objet est d'acquérir un ou plusieurs biens immobiliers pour l'usage d'un ou plusieurs associés, soit la « société civile de location » (ou « de gestion »), lorsque les biens acquis sont destinés à être loués.

010 – **SCI particulières.** Il existe plusieurs types particuliers de SCI, dotées d'un statut légal spécifique :

* La société civile d'attribution, régie par les articles L. 212-1 à L. 212-9 du Code de la construction et de l'habitation, a pour objet « *la construction ou l'acquisition d'immeubles en vue de leur division par fractions destinées à être attribuées aux associés en propriété ou en jouissance* ». Alternative à la copropriété, la société civile d'attribution confère à chaque associé la jouissance d'un logement correspondant à ses parts. Lorsque la société est dissoute, l'immeuble passe sous le régime de la copropriété

et chaque ancien associé se voit attribuer la propriété de son logement (voir n° 094).

- La société civile de construction-vente, régie par les articles L. 211-1 à L. 211-4 du Code de la construction et de l'habitation, a pour objet « *de construire un ou plusieurs immeubles en vue de leur vente en totalité ou par fractions* ». C'est la forme juridique applicable à la plupart des opérations de promotion immobilière.

- La société civile d'attribution d'immeubles en jouissance à temps partagé, régie par la loi n° 86-18 du 6 janvier 1986, est constituée en vue de « *l'attribution, en totalité ou par fractions, d'immeubles à usage principal d'habitation en jouissance par périodes aux associés auxquels n'est accordé aucun droit de propriété ou autre droit réel en contrepartie de leurs apports* ». C'est la forme juridique imposée à toute opération de *timeshare*, ou multipropriété, réalisée en France.

- La société civile immobilière d'accession progressive à la propriété (SCIAPP), régie par les articles 443-6-2 et suivants du Code de la construction et de l'habitation. Ces sociétés, comparables aux SCI d'attribution (voir ci-dessus), ont vocation à recevoir des immeubles apportés par des organismes d'HLM pour y être mis en copropriété. Les logements sont loués à des locataires qui achètent progressivement des parts de la société. Quand ils ont acquis l'intégralité des parts correspondant à leur logement, ils en deviennent propriétaires.

À NOTER | **011** – La société civile de placement immobilier (SCPI) est aussi une SCI mais soumise à un statut particulier car elle est autorisée à faire publiquement appel à l'épargne (voir n° 102 à 107).

Un « club » fermé de gens responsables

On n'entre pas dans une SCI comme dans une société cotée en Bourse. Compte tenu des engagements qu'ils prennent, les associés se choisissent mutuellement lors de la création de la société, puis contrôleront ensuite l'arrivée de tout nouvel associé en lui donnant ou en lui refusant l'agrément.

A. LE CHOIX DES ASSOCIÉS

012 – INTUITUS PERSONAE. Le contrat de société civile est conclu *intuitus personae*. Cette locution latine signifie que les qualités du ou des cocontractants sont prises en considération : on choisit ses associés, au moment de la création de la société mais aussi par la suite, à chaque cession de parts. Cela s'explique notamment par la responsabilité très étendue des associés (voir B ci-après). C'est toute la différence entre les sociétés dites « de personnes », comme la société civile ou la société en nom collectif (SNC), et les sociétés dites « de capitaux », comme la société anonyme (SA).

013 – Si l'*intuitus personae* est toujours de mise dans une société civile, ce n'est plus aussi vrai pour une autre caractéristique traditionnelle des sociétés de personnes : l'*affectio societatis*. Cette locution latine signifie que tous les associés doivent être animés d'une volonté commune de collaborer à la société et de participer ensemble, sur un pied d'égalité, à son administration. L'application à la lettre d'une telle règle rendrait impossible la constitution d'une SCI entre des parents et leurs très jeunes enfants. Or, comme on le verra, la présence de mineurs non émancipés dans une société civile n'est pas interdite.

014 – **Société civile de famille.** Certaines SCI constituées entre membres d'une même famille se voient reconnaître des prérogatives particulières. Il en est ainsi dans la loi sur les baux d'habitation et les rapports locatifs. Lorsque le logement est la propriété d'une personne physique, le contrat de location doit être conclu pour une durée minimale de trois ans. Si le propriétaire est une personne morale, cette durée est portée à six ans, sauf s'il s'agit d'une « *société civile constituée exclusivement entre parents et alliés jusqu'au quatrième degré inclus* » (article 13 de la loi 89-462 du 6 juillet 1989).

015 – Si les conjoints sont des « alliés », au sens du Code civil, il n'en va pas de même des concubins qui, même pacsés, ne sont pas expressément visés par le texte. En conséquence, une SCI constituée entre deux partenaires pacsés, seuls ou avec d'autres personnes de leur famille, doit conclure des baux de six ans. Cette exigence est d'autant plus surprenante que, pour les locations meublées (activité commerciale interdite aux SCI – voir n° 005), les partenaires pacsés peuvent valablement constituer entre eux une SARL de famille.

016 – CONTRÔLE DU CAPITAL. L'entrée d'un nouvel associé dans une société de personne est, généralement, soumise à l'agrément préalable des associés en place. Il en est ainsi lorsque l'un des associés souhaite vendre ou donner ses parts. De même, en cas de décès d'un associé, les statuts peuvent restreindre les possibilités, pour les héritiers, de devenir associés. Bien entendu, les associés qui refuseraient systématiquement tout nouvel associé peuvent être contraints de racheter eux-mêmes les parts en instance de changement de titulaire (voir n° 268).

---

017 – Cas pratique
Le danger de s'associer avec une SARL

Juridiquement, rien n'empêche une société commerciale dont la responsabilité des membres est limitée à leurs apports (SARL ou société anonyme, par exemple), d'être associée dans une société civile. Elle y sera représentée par son dirigeant ou par un mandataire spécialement désigné pour cette fonction. Mais si la SCI et la société commerciale font de mauvaises affaires, cette dernière peut déposer son bilan et être mise en liquidation sans que ses associés soient tenus au passif sur leurs biens personnels (sauf faute de gestion avérée). Rien de tel dans la SCI. Si la SARL a été liquidée, ce sont les seuls associés personnes physiques de la SCI qui devront répondre des dettes, à proportion de leur part dans le capital, certes, mais sans limites de montant. Et si, au comble de la malchance, un associé personne physique décède avant l'apurement de sa dette, celle-ci figure au passif de la succession, diminuant d'autant l'héritage.

B. LA RESPONSABILITÉ DES ASSOCIÉS

018 – OBLIGATION DE PASSIF ILLIMITÉE… C'est dans leur intérêt que les associés doivent se connaître, s'apprécier et pouvoir se faire confiance. En effet, leur responsabilité financière n'est pas limitée à leurs apports en capital, comme dans une société commerciale de type SARL (société à

responsabilité limitée) ou SA (société anonyme). Le dernier alinéa de l'article 1832 du Code civil prévoit, au contraire, que « *les associés contribuent aux pertes* ».

019 – ... MAIS PROPORTIONNELLE. Cette obligation, pour chaque associé, de contribuer sans limites de montant aux pertes de la société est toutefois proportionnelle à l'apport de chacun : deux associés à 50 % se partageront la moitié des dettes chacun ; si le capital est réparti à 70 % contre 30 %, le premier supportera 70 % des dettes et le second 30 %. En langage juridique, on dit que les associés d'une SCI sont indéfiniment responsables des dettes de la société, à proportion de leurs apports, c'est-à-dire de leur part dans le capital (voir cas pratique ci-après).

À NOTER

020 – Une exception à la responsabilité indéfinie des associés existe en faveur des SCPI, dans lesquelles l'obligation au passif des associés est désormais limitée à leur apport (voir n° 105).

---

021 – Cas pratique
Une omission qui coûte cher !

Une SCI est créée entre deux personnes. La première, nommée gérante dans les statuts, a apporté 10 000 euros et la seconde 90 000 euros. Le gérant dispose donc de 10 % des parts et son associé de 90 %. La SCI achète un immeuble en empruntant 300 000 euros. Plusieurs années après, l'immeuble est détruit par un incendie. Or, il s'avère que le gérant a omis de l'assurer. La banque demande donc aux associés de rembourser le capital restant dû, par hypothèse de 200 000 euros. Le gérant doit en payer 10 %, soit 20 000 euros, et l'autre associé 90 %, soit 180 000 euros.

La société préférable
à l'indivision

L'indivision est le régime juridique applicable à toute acquisition d'un même bien réalisée par au moins deux personnes dès lors qu'elles n'ont pas créé de société ou qu'elles ne sont pas mariées en communauté. Les contraintes de gestion et le caractère temporaire de l'indivision en limitent l'usage des situations provisoires.

A. QU'EST-CE QUE L'INDIVISION ?

022 – DÉFINITION. L'indivision est un droit de propriété exercé par plusieurs personnes sur un bien. Elle est régie par les articles 815 à 818 du Code civil. Chacun des coïndivisaires détient une quote-part du bien en valeur, sans que l'on puisse en préciser la teneur physique. Imaginons un immeuble de quatre appartements appartenant à une indivision composée de quatre personnes. Chacune possède un quart de la totalité de l'immeuble. L'attribution à chacune d'un appartement en toute propriété nécessiterait de procéder à un partage mettant fin à l'indivision. L'indivision peut être forcée ou volontaire.

À NOTER **023** – L'indivision ne doit pas être confondue avec le démembrement de propriété, qui obéit à d'autres règles de gestion (voir ci-après).

024 – INDIVISION FORCÉE. Ce n'est pas un hasard si, dans le Code civil, les règles de l'indivision figurent dans la partie consacrée aux successions, juste avant le partage des biens recueillis par héritage. Le décès d'une personne et la transmission de ses biens à ses héritiers constituent, en effet, la principale source d'indivision. Ainsi, au décès d'un père de famille, se retrouvent en indivision ses enfants et, éventuellement, son conjoint survivant. Autre exemple : au décès d'un frère ou d'une sœur sans conjoint ni postérité, ses biens sont répartis en indivision entre ses parents et ses frères et sœurs.

025 – INDIVISION VOLONTAIRE. Se retrouvent également en indivision, mais volontaire cette fois, les personnes qui achètent ensemble un bien dès lors qu'il ne s'agit pas d'un couple marié en communauté (ce sont alors les règles de ce régime matrimonial qui s'appliquent). Des concubins, même pacsés, des époux séparés de biens et *a fortiori* des non-parents qui achètent ensemble un bien sont propriétaires chacun d'une quote-part indivise (la moitié, un tiers, etc.). Pour la gestion du bien, les règles applicables sont les mêmes que pour l'indivision forcée.

B. LES AVANTAGES DE LA SOCIÉTÉ PAR RAPPORT À L'INDIVISION

026 – SOUPLESSE DE GESTION. Qu'est-ce qui peut bien rendre la SCI supérieure à l'indivision ? Son mode de gestion, d'abord. La SCI est administrée par un gérant auquel les statuts peuvent conférer des pouvoirs très étendus. En pratique, il peut agir seul dans la plupart des cas. Quant aux décisions qui sont du ressort de l'assemblée générale, elles sont prises à la majorité.

Dans une indivision ordinaire, il n'y a pas de gérant et l'accord unanime des indivisaires est encore nécessaire pour certaines décisions. Certes, la loi n° 2006-728 du 23 juin 2006 portant réforme des successions et des libéralités, sans modifier radicalement les règles de l'indivision, en facilite la gestion (nouvel article 815-3 du Code civil).

- Le recours systématique à l'unanimité a été supprimé. Les indivisaires titulaires d'au moins deux tiers des droits indivis peuvent effectuer, à cette majorité, les actes d'administration, donner à l'un ou plusieurs des indivisaires ou à un tiers un mandat général d'administration et vendre les meubles indivis pour payer les dettes et charges de l'indivision.

- Toutefois, le consentement de tous les indivisaires reste requis pour effectuer les actes sortant de l'exploitation normale des biens indivis et pour réaliser, par exemple, tout acte de disposition d'un immeuble indivis.

027 – PÉRENNITÉ PATRIMONIALE. Autre inconvénient de l'indivision, son caractère temporaire. « *Nul ne peut être contraint à demeurer dans l'indivision et le partage peut toujours être provoqué, à moins qu'il n'y ait été sursis par jugement ou par convention* », pose d'emblée comme principe l'article 815 du Code civil. Tout indivisaire, quelle que soit l'importance de sa part, peut donc saisir le tribunal et demander qu'il soit mis fin à l'indivision. Rien de tel à redouter dans une SCI. Souvent créée pour une durée de 99 ans renouvelable, elle ne peut être dissoute avant terme que par une décision des associés disposant de la majorité.

La brutalité de l'article 815 est toutefois tempérée par plusieurs dispositions permettant au juge de maintenir en indivision, contre la volonté d'un indivisaire, tous les biens ou certains d'entre eux. Mais c'est toujours à la demande d'un autre indivisaire et au terme d'une procédure judiciaire.

- L'article 820 prévoit que le partage peut être repoussé de deux ans, dans les deux cas suivants : « *si sa réalisation immédiate risque de porter atteinte à la valeur des biens indivis* », à cause de la conjoncture immobilière, par exemple ; ou « *si l'un des indivisaires ne peut reprendre l'entreprise agricole, commerciale, industrielle, artisanale ou libérale dépendant de la succession qu'à l'expiration de ce délai* », en raison de son jeune âge ou pour lui permettre de terminer ses études, par exemple.

- Le maintien de l'indivision peut aussi être demandé, notamment pour le logement familial, par le conjoint du défunt ou les enfants mineurs (article 822 du Code civil). En principe, le maintien ne peut être prescrit pour une durée supérieure à cinq ans. Mais il peut être renouvelé jusqu'à la majorité du plus jeune des descendants ou jusqu'au décès du conjoint survivant (article 823 du Code civil).

- Une autre faculté est laissée au juge si des indivisaires entendent demeurer dans l'indivision (article 824 du Code civil) : le tribunal peut attribuer sa part à celui qui a demandé le partage. S'il n'existe pas dans l'indivision une somme suffisante, le complément est versé par ceux des indivisaires qui ont demandé le maintien, sans préjudice, de la possibilité pour les autres indivisaires d'y participer, s'ils en expriment la volonté. La part de chacun dans l'indivision est augmentée à proportion de son versement.

028 – Contrôle du nombre des associés. En plus de la souplesse de gestion et de la pérennité, certains apprécient un autre avantage de la SCI : la possibilité de toujours contrôler la répartition du capital. En indivision, il n'existe pas d'agrément et les cessions se passent différemment. Lorsqu'un indivisaire veut céder ses parts, la seule prérogative dont disposent les autres est un droit de préemption. Mais en cas de décès, les héritiers de l'indivisaire deviennent à leur tour membres de l'indivision. Voilà qui complique encore un peu plus la gestion, surtout s'il y a des mineurs.

---

029 – Cas pratique
Une SCI fermée aux héritiers

Alain, Jacques et Henri, trois amis d'enfance célibataires et passionnés de ski, ont acheté en SCI un appartement à la montagne. Cette société est leur affaire à tous les trois et ils ne voulaient y voir entrer quiconque sans leur accord. C'est pourquoi ils ont prévu, dans les statuts, une clause d'agrément (voir n° 152) particulièrement sévère. La cession de parts sociales n'est libre qu'entre associés. Toute transmission à un tiers par vente, donation ou succession doit recevoir l'agrément des coassociés. La restriction s'applique même au conjoint et aux enfants. Attention ! Ce type de clause est à double tranchant. Favorable aux associés qui entendent rester dans la société, elle se révèle souvent pénalisante pour celui qui veut en sortir. Car si les associés refusent d'agréer l'acquéreur, le donataire ou l'héritier des parts, ils sont tenus de les racheter eux-mêmes. Tout dépend alors du prix qu'ils veulent bien en donner.

---

030 – Économie de frais. Autre complication de l'indivision : la nécessité de rédiger un acte notarié pour toute vente de droits indivis portant sur un bien immobilier. Le coût de cet acte, qui doit être publié à la conservation des hypothèques, comprend les honoraires du notaire, les droits d'enregistrement et de publicité foncière (5,80 %) calculés sur la valeur de la quote-part cédée. Dans une SCI, si l'un des associés est confronté à des difficultés financières, les autres peuvent lui racheter tout ou partie de ses parts sans l'intervention d'un notaire. Un acte sous seing privé est suffisant et seuls les droits d'enregistrement au taux de 5,70 % sont dus (pas de publicité foncière).

À NOTER

031 – Pendant longtemps, il était fiscalement plus économique de vendre ou de donner des parts de société plutôt que des droits indivis. L'avantage en cas de vente est tombé quand les droits d'enregistrement exigés sur les immeubles, à usage commercial ou d'habitation, ont été diminués pour être fixés à un taux identique à celui grevant les cessions de parts sociales. L'avantage en cas de donation est, lui, tombé, avec la loi de finances pour 2005. Auparavant, en cas de donation de droits indivis portant sur un bien acquis à crédit, l'impôt de donation était calculé sur la valeur des droits indivis sans tenir compte du prêt restant dû. Dans une SCI, en revanche, l'impôt de donation est calculé sur le prix net des parts, obtenu par différence entre la valeur des immeubles et les dettes de la société. Depuis le 1er janvier 2005, la donation d'un immeuble entier ou de droits indivis portant sur un immeuble est taxée sur la valeur du bien après déduction des emprunts bancaires restant dus (nouvel article 776 bis du Code général des impôts). Sur ce point fiscal, donation de parts de SCI ou de droits indivis sont donc désormais à égalité.

032 – En résumé
Le match SCI contre indivision

1. Les avantages de la SCI

- La SCI permet d'acheter à plusieurs un bien immobilier en évitant les inconvénients de l'indivision.

- Les « clauses d'agrément » permettent de contrôler toute entrée dans le capital, à l'occasion des cessions de parts (vente, donation, succession).

- Le gérant peut se voir conférer par les statuts les pouvoirs les plus larges, y compris celui de contracter des emprunts nécessaires à la réalisation de l'objet social.

- La vente de parts sociales peut être constatée par acte sous seing privé, ce qui économise les honoraires de notaire.

2. Les inconvénients de la SCI

- Les associés ne sont pas propriétaires des biens immobiliers mais détiennent seulement des parts sociales.

- La SCI est plus lourde en formalités de constitution (statuts, publication, etc.) et de gestion (tenue d'une comptabilité, d'assemblées générales).

- Si la SCI est endettée, les associés sont responsables du passif sans limites de montant, chacun à proportion de sa part dans le capital social.

- La SCI n'a pas droit au prêt d'épargne-logement, ni au prêt à taux 0 %.

- Les droits des minoritaires sont moins protégés en SCI qu'en indivision.

- L'acquisition de parts suivant acte sous seing privé peut se faire sans recevoir aucune information sur la consistance du bien, les hypothèques qui peuvent le grever, les servitudes, etc.

Le démembrement des parts plutôt que des biens

En permettant de répartir entre deux personnes différentes l'usufruit et la nue-propriété d'un même bien, le démembrement constitue un instrument très utile de gestion et de transmission du patrimoine. Il s'avère plus simple de démembrer des parts de SCI qu'un bien immobilier.

A. Qu'est-ce que le démembrement de propriété ?

033 – **Définition de l'usufruit et de la nue-propriété.** La propriété est l'addition de plusieurs droits : celui de jouir du bien par l'usage (*usus*, en latin) ou par la perception des revenus ou des « fruits » qu'il produit (*fructus*) ainsi que celui d'en disposer en le vendant ou en en modifiant la substance (*abusus*). Le démembrement, régi par les articles 578 à 624 du Code civil, consiste à répartir entre deux personnes les trois prérogatives habituelles du propriétaire :

* L'usufruitier reçoit l'usus et le fructus. Si l'usufruit porte sur un logement, il peut ainsi l'occuper

lui-même, gratuitement, ou le mettre en location pour en percevoir les loyers. Il a l'obligation d'entretenir le bien et de supporter les réparations courantes (y compris le ravalement) ainsi que les charges ordinaires (assurances, charges de copropriété, taxe foncière, etc.). Il peut céder son usufruit (voir ci-après « Cessions ») mais ne peut pas vendre seul le bien, ni l'hypothéquer, ni le donner en location pour une durée supérieure à neuf ans, ces actes dits « de disposition » lui étant interdits. Seuls les gros travaux restent au nu-propriétaire.

* Le nu-propriétaire reçoit l'*abusus*, non sans restriction. En effet, s'il peut céder sa nue-propriété (voir ci-après « Cessions »), il ne doit rien faire qui porte atteinte à l'intégrité du bien sur lequel s'exerce l'usufruit. L'article 606 du Code civil attribue au nu-propriétaire la charge des grosses réparations indispensables à la conservation du bien (toiture, murs porteurs, fondations, etc.). Mais les parties peuvent convenir à l'amiable d'une autre répartition.

À NOTER — **034** – Un même bien peut se retrouver, à la suite du décès d'un époux, par exemple, à la fois en démembrement (l'usufruit revenant au conjoint survivant) et en indivision (la nue-propriété étant indivise entre les enfants). On imagine alors la complexité de la gestion qui doit tenir compte à la fois des règles de gestion du démembrement et de celles de l'indivision.

035 – **Origine du démembrement.** Le démembrement peut être d'origine légale (le droit d'usufruit du conjoint survivant, par exemple) ou volontaire. Dans ce dernier cas, il résulte d'une convention qui peut être à titre gratuit ou à titre onéreux :

- À titre gratuit. L'exemple le plus courant est la donation de la nue-propriété d'un bien, le donateur se réservant l'usufruit. Mais l'inverse est également possible : donation de l'usufruit avec conservation de la nue-propriété. Le démembrement à titre gratuit peut être prévu dans une donation entre époux « au dernier vivant » ou dans un legs par testament. Dans ce cas, le démembrement prend effet au jour du décès de l'auteur de la donation entre époux ou du testament.

- À titre onéreux. Il n'y a pas d'intention libérale. Le démembrement résulte soit d'une vente (cession de la nue-propriété ou de l'usufruit), soit d'un achat (une personne acquiert la nue-propriété, l'autre l'usufruit – voir cas pratique ci-après), soit d'un apport en société (le propriétaire apporte la nue-propriété de la société et conserve pour lui l'usufruit, par exemple).

036 – Durée. Le démembrement peut être temporaire, pour cinq ans, sept ans, dix ans, par exemple, ou viager s'il est prévu pour durer toute la vie de l'usufruitier. Arrivé à son terme, l'usufruit s'éteint automatiquement et le nu-propriétaire retrouve la pleine propriété du bien, sans taxation sur la plus-value (voir toutefois le cas pratique ci-après) ni formalités particulières, hormis la publication à la conservation des hypothèques d'un acte de décès de l'usufruitier en cas d'usufruit viager.

037 – Cessions. Elles peuvent porter sur l'une des composantes du démembrement ou sur le bien démembré dans son ensemble. Dans ce dernier cas, se pose la question de la répartition du prix de cession entre les deux ayants droit.

- Cession de l'usufruit ou de la nue-propriété. Pendant le démembrement, l'usufruitier comme le nu-propriétaire peuvent céder le droit qu'ils détiennent chacun, sans l'autorisation de l'autre. La cession peut être à titre gratuit (donation) ou onéreux (vente). Dans tous les cas, l'usufruit est cédé pour le temps qu'il reste à courir.

> ➤ **Exemple**. 1. Un usufruit temporaire consenti pour dix ans est cédé au bout de trois ans ; le cessionnaire jouira donc de l'usufruit pendant sept ans. 2. Un usufruit viager est cédé par son titulaire ; le cessionnaire en jouira jusqu'au décès de l'usufruitier d'origine. 3. Un nu-propriétaire cède son droit à un tiers ; celui-ci deviendra pleinement propriétaire à l'extinction de l'usufruit.

- Cession d'un bien démembré. Pour vendre un immeuble démembré, il faut l'accord de l'usufruitier et du nu-propriétaire. Que devient alors le démembrement ? Si le prix de vente sert à l'achat d'un nouveau bien, l'usufruit se poursuit sans changement sur ce bien. Sinon, le prix de vente est partagé entre les parties, selon la valeur respective de la nue-propriété et de l'usufruit (voir C ci-après).

À NOTER

038 – Qu'il soit temporaire ou viager, le démembrement doit faire l'objet d'une mesure de publicité foncière à la conservation des hypothèques dès lors qu'il porte sur un bien immobilier. L'acte constatant le démembrement (achat, donation, attestation de propriété après décès) doit donc être établi par un notaire.

039 – Cas pratique
Attention aux acquisitions en démembrement

Un père achète l'usufruit d'un bien immobilier et son fils la nue-propriété. En plus des complications de gestion, ils se heurtent à la présomption de gratuité prévue à l'article 751 du Code général des impôts, destinée à lutter contre les abus visant à diminuer artificiellement l'assiette des droits de succession. À cet effet, le premier alinéa de l'article 751 dispose qu'est « *réputé, au point de vue fiscal, faire partie, jusqu'à preuve contraire, de la succession de l'usufruitier, toute valeur mobilière, tout bien meuble ou immeuble appartenant, pour l'usufruit, au défunt et, pour la nue-propriété, à l'un de ses présomptifs héritiers ou descendants d'eux, même exclu par testament ou à ses donataires ou légataires institués, même par testament postérieur, ou à des personnes interposées, à moins qu'il y ait eu donation régulière et que cette donation, si elle n'est pas constatée dans un contrat de mariage, ait été consentie plus de trois mois avant le décès* ». Traduction : pour éviter que le bien démembré figure pour toute sa valeur dans la succession de l'usufruitier, il faut que le nu-propriétaire justifie qu'il a payé le prix de la nue-propriété de ses deniers, ou bien que le démembrement résulte d'une donation régulièrement constatée devant notaire.

B. L'AVANTAGE DE DÉMEMBRER DES PARTS SOCIALES

040 – DÉMEMBREMENT DU BIEN. La gestion doit tenir compte de la répartition des droits et obligations entre les parties. Comme on l'a vu plus haut, le nu-propriétaire est redevable des grosses réparations, mais aucune sanction n'est prévue s'il ne les réalise pas. L'absence d'entente entre le nu-propriétaire et l'usufruitier ou l'incapacité financière de l'usufruitier à supporter lui-même le coût des gros travaux risque donc de nuire à l'état du bien. De plus, en cas de décès du nu-propriétaire, la nue-propriété peut se retrouver indivise

entre plusieurs héritiers, ce qui va rendre encore plus complexe la gestion de l'immeuble.

041 – Démembrement des parts de SCI. La gestion du bien relève du gérant seul, dans le cadre des pouvoirs qu'il tient des statuts de la société. Les charges et les travaux d'entretien sont supportés intégralement par la société qui, si le bien est loué, distribue à l'usufruitier un revenu net. À l'assemblée générale annuelle de la SCI, c'est l'usufruitier qui vote la résolution concernant la distribution (ou non) des bénéfices. Le décès du nu-propriétaire des parts aurait également moins de conséquences puisque ses héritiers n'entreraient dans la société que si les statuts le leur permettent ou s'ils sont agréés (voir n° 289).

À NOTER

042 – Si le démembrement des parts provient d'une donation, celle-ci doit être constatée par un acte authentique : « *Tous actes portant donation entre vifs seront passés devant notaires…* », précise l'article 931 du Code civil. Le don manuel, admis pour des valeurs mobilières, est écarté pour les donations de parts sociales et, de toute façon, il ne permet que le don en pleine propriété, non en démembrement. Les honoraires de donation sont dus au notaire, mais le démembrement des parts n'a pas à être publié à la conservation des hypothèques, puisqu'il ne porte pas sur un immeuble. Cela représente une économie de 0,60 % sur la valeur estimée de l'usufruit (voir n° 030).

<hr>

**043 – Cas pratique
Une donation avec réserve d'usufruit**

Des parents possèdent, à travers une SCI, un logement locatif. Ils souhaitent transmettre le bien à leurs enfants sans se priver des revenus qu'il procure. Ils donnent la nue-propriété de la quasi-totalité des parts aux enfants. La conservation de quelques parts (au moins une) en pleine propriété est en principe nécessaire pour que les parents conservent la gérance de la SCI. Ils peuvent donc continuer à administrer la société et le bien immobilier comme avant la donation.

<hr>

C. La valeur respective des droits démembrés

044 – Valeur fiscale et valeur économique. La valeur de l'usufruit et, par déduction, celle de la nue-propriété, peuvent être déterminées par de savants calculs financiers tenant compte de la valeur du bien, de la durée du démembrement temporaire ou de l'espérance de vie de l'usufruitier en cas de démembrement viager, d'un taux de rendement, etc. Ces calculs, qui restent pertinents dans certains cas, principalement de démembrement temporaire, sont toutefois moins souvent nécessaires depuis la réforme du barème fiscal applicable au démembrement viager. En effet, le barème actuel donne généralement à l'usufruit une valeur très proche de la valeur économique.

045 – Démembrement viager. Les valeurs respectives de la nue-propriété et de l'usufruit viager sont obtenues à partir d'un barème fiscal, en fonction de l'âge de l'usufruitier au jour du démembrement. Ce barème, figurant à l'article 669-I du Code général des impôts et modifié depuis le 1ᵉʳ janvier 2004, est le suivant :

Âge de l'usufruitier	Valeur de l'usufruit	Valeur de la nue-propriété
jusqu'à 20 ans	90 %	10 %
de 21 à 30 ans	80 %	20 %
de 31 à 40 ans	70 %	30 %
de 41 à 50 ans	60 %	40 %
de 51 à 60 ans	50 %	50 %
de 61 à 70 ans	40 %	60 %
de 71 à 80 ans	30 %	70 %
de 81 à 90 ans	20 %	80 %
à partir de 91 ans	10 %	90 %

➤ **Exemple.** La propriété d'un bien ou de parts de SCI d'une valeur estimée à 250 000 euros est démembrée au profit d'un usufruitier de 72 ans (un père, par exemple) et d'un nu-propriétaire de 46 ans (son fils, par exemple). L'usufruit vaut 30 % de la pleine propriété, soit 75 000 euros, et la nue-propriété 70 %, soit 175 000 euros.

046 – DÉMEMBREMENT TEMPORAIRE. La valeur de « *l'usufruit constitué pour une durée fixe est estimée à 23 % de la valeur de la propriété entière pour chaque période de dix ans de la durée de l'usufruit, sans fraction et sans égard à l'âge de l'usufruitier* » (article 669-II du Code général des impôts).

➤ **Exemple.** Sur un bien ou des parts de SCI valant 250 000 euros en pleine propriété, un usufruit temporaire de dix ans maximum vaut 23 % de cette somme, soit 57 500 euros. La nue-propriété vaut le reste, soit 192 500 euros.

Une fiscalité adaptée

Tordons le cou à une idée fausse souvent colportée : la SCI ne fait pas échapper à l'impôt. Mais, sauf rares exceptions, elle n'expose pas non plus à en payer plus. Cette neutralité permet de profiter, sans surcoût fiscal, de toute la souplesse de gestion et de transmission offerte par la société civile.

A. L'IMPOSITION DES REVENUS

047 – ABSENCE DE REVENU. Si la SCI affecte son patrimoine social à la jouissance gratuite des associés ou de l'un d'entre eux, la seule obligation qu'elle a est d'adresser à l'administration fiscale, la première année, une déclaration d'absence de revenus locatifs. Ne déclarant pas de revenus, la SCI ne peut pas non plus déduire ses charges. Celles-ci sont payées par les associés, selon des modalités déterminées entre eux, mais sans qu'ils en tirent un avantage fiscal. Ils ne sont pas autorisés à imputer un éventuel déficit sur leur revenu global ni sur des revenus fonciers qu'ils pourraient percevoir par ailleurs.

048 – EXONÉRATION DE PRINCIPE DE LA SOCIÉTÉ. La SCI qui possède un bien loué déclare ses revenus fonciers (bénéfices ou déficits) et leur répartition entre les associés. Mais elle n'acquitte pas l'impôt sur ces revenus (sauf si elle a opté pour l'IS, voir n° 051). Elle jouit d'une forme de transparence fiscale atténuée appelée « translucidité fiscale » (article 8 du Code général des impôts). Cela ne signifie pas que les revenus de la SCI échappent totalement à l'impôt. Ils sont taxés entre les mains des associés, chacun à proportion de la part qu'il a reçue. La translucidité fiscale évite donc seulement le double degré d'imposition : au niveau de la société et au niveau des associés.

049 – Imposition des associés. Les associés imputent leur part du résultat (bénéfice ou déficit) sur leur déclaration de revenus fonciers 2044. Toutefois, ils sont dispensés de remplir la déclaration 2044 et peuvent reporter directement le montant brut de leurs revenus fonciers sur leur déclaration d'ensemble (imprimé n° 2042) s'ils relèvent du régime microfoncier (voir n° 227).

ATTENTION !

050 – Ne pas confondre répartition et distribution du bénéfice. La société est tenue de calculer le résultat comptable de l'exercice et de répartir le bénéfice entre les associés, chacun à proportion de sa part dans le capital social. C'est l'assemblée générale qui décide de l'affectation de ce résultat : soit le distribuer en argent, si sa trésorerie le permet ; soit le porter sur le compte courant des associés afin de le garder à disposition ou l'utiliser pour libérer le capital à due concurrence (voir n° 244). Mais, distribué ou non, le résultat est imposable dans tous les cas, entre les mains des associés.

051 – Option pour l'IS. Opter pour l'impôt sur les sociétés confère à la SCI un véritable statut d'entreprise qui lui permet de n'être imposée que sur son résultat net de toutes charges, y compris d'amortissement de l'immeuble. Mais, en contrepartie, elle est soumise aux mêmes déclarations et formalités que les sociétés commerciales : compte d'exploitation, compte de résultat, bilan à publier au registre du commerce, etc. De plus, elle perd la transparence fiscale (voir n° 228). Les bénéfices distribués supportent donc deux fois l'impôt, au niveau de la société puis au niveau des associés (imposition des dividendes distribués). Enfin, l'option pour l'IS déclenche l'imposition des plus-values latentes sur les biens de la société, comme s'ils étaient vendus (régime des plus-values des particuliers, voir n°s 056 et 057).

B. LES IMPÔTS LOCAUX ET LA TAXE DE 3 %

052 – TAXE D'HABITATION. Elle est, en principe, réclamée directement à l'occupant du logement au 1er janvier de l'année. La SCI n'en est donc pas redevable.

053 – TAXE FONCIÈRE. Elle est à la charge du propriétaire, c'est-à-dire la SCI. Celle-ci est responsable de son paiement, mais elle peut en demander le remboursement aux associés occupant le bien à titre gratuit, si telle est leur convention. En effet, l'occupation étant gratuite, l'interdiction de faire payer la taxe foncière par le locataire, prévue par la loi du 6 juillet 1989 sur les baux d'habitation, ne s'applique pas.

054 – TAXE ANNUELLE DE 3 %. Depuis 1993, les SCI sont assujetties à une taxe annuelle de 3 % sur la valeur vénale des immeubles qu'elles possèdent (article 990 D et suivants du Code général des impôts). Cette taxe concerne essentiellement les SCI dont les associés sont étrangers et/ou ne paient pas d'impôts en France. Dans les autres cas, il est possible d'y échapper :

- Pour les SCI relevant du régime des revenus fonciers, en déposant annuellement une déclaration 2072 (voir n° 225). Ou bien en prenant l'engagement de communiquer à l'administration, sur sa demande, certaines informations concernant l'immeuble et les associés. Cet engagement doit être pris dans les deux mois suivant la date d'acquisition de l'immeuble.

* Pour les SCI soumises à l'IS, en déposant à l'administration fiscale, avant le 15 mai de chaque année, une déclaration 2746 précisant le lieu de situation des immeubles détenus par la SCI, leur consistance et leur valeur au 1er janvier, ainsi que l'identité de leurs associés et le nombre de parts détenues par chacun.

À NOTER

055 – En cas d'occupation gratuite de l'immeuble par un associé, la déclaration doit être faite la première année. En principe, l'administration dispense la SCI de renouveler la déclaration les années suivantes, sauf changement de situation.

C. LES PLUS-VALUES

056 – RÉFORME DU RÉGIME D'IMPOSITION. Un nouveau mode de taxation des plus-values immobilières a été instauré depuis le 1er septembre 2013 et validé par la loi de finances pour 2014. Encore plus complexe que le précédent, il prévoit deux séries d'abattements pour la durée de détention du bien : l'une pour l'impôt, qui rend la plus-value exonérée au bout de vingt-deux ans ; l'autre pour les prélèvements sociaux, dont la plus-value n'est exonérée qu'au bout de trente ans. La plus-value nette imposable est taxée au taux de 34,5 % (19 % de taxe et 15,5 % de prélèvements sociaux). Un exemple de calcul de l'impôt de plus-value est donné au n° 217.

057 – IMPOSITION DE LA VENTE DE L'IMMEUBLE SOCIAL. En cas de vente d'un immeuble par une SCI n'ayant pas opté pour l'impôt sur les sociétés, ce n'est pas la SCI qui est redevable de l'impôt de plus-value, mais chaque associé sur la portion du prix qui lui revient compte tenu de sa part de capital social. En principe, l'impôt est calculé par le notaire chargé de la vente, qui retient son montant sur le prix de vente et le reverse au Trésor (voir toutefois « Cas particulier » ci-après).

- Exonérations. Est exonérée la plus-value réalisée sur la vente d'un bien d'une valeur de 15 000 euros maximum (cette exonération ne vaut pas pour les cessions de parts sociales – voir ci-après) ou que la SCI possède depuis plus de trente ans. Lorsque l'immeuble de la société est mis à la disposition gratuite d'un associé et constitue sa résidence principale au moment de la vente, la plus-value est exonérée quel que soit le délai de détention du bien (la durée de trente ans ne s'applique pas à la résidence principale), mais seulement à concurrence des droits de l'associé occupant le bien.

  > **Exemple.** Une SCI possédant un logement appartient à égalité à deux associés (50 % du capital chacun). L'un occupe le logement gratuitement. La SCI vend le bien. La plus-value éventuelle est exonérée à concurrence de la moitié correspondant à la part de l'associé occupant. L'autre moitié est assujettie à l'impôt de plus-value.

- Cas particulier. Pour les associés relevant d'une autre catégorie fiscale, telle que les bénéfices industriels et commerciaux (BIC) ou l'impôt sur les sociétés (IS), l'impôt de plus-value n'est pas retenu par le notaire. Il revient au contribuable d'inclure la plus-value dans son résultat d'exploitation, afin qu'elle soit taxée selon les modalités propres à sa catégorie fiscale.

058 – Lorsque la SCI a opté pour l'impôt sur les sociétés (IS), ce sont les règles de taxation de plus-values propres à l'IS qui s'appliquent (voir n° 228).

059 – IMPOSITION DE LA CESSION DE PARTS SOCIALES. La cession de parts est assujettie à l'impôt de plus-value, à payer lors de l'enregistrement de l'acte de cession. Pour un particulier, la vente des parts est assimilée à celle d'un immeuble et taxée comme telle, à une exception près : l'exonération tenant à la faible valeur du bien vendu ne s'applique pas. Ainsi, toute cession est imposable même si son prix est inférieur ou égal à 15 000 euros (voir n° 278 pour un exemple de calcul de plus-value sur cession de parts).

---

060 – Cas pratique
Les pièges de la nouvelle taxation
des plus-values immobilières

Le coup de massue fiscal asséné aux plus-values immobilières pourrait se révéler être une incitation supplémentaire à acheter l'immobilier en SCI plutôt qu'en direct. En effet, si l'on regrette un jour de ne pas avoir fait de SCI, la « réparation » coûtera beaucoup plus cher. Tout simplement parce que l'apport du bien à une SCI déclenche la taxation sur la plus-value dès lors que l'apporteur n'est pas propriétaire depuis trente ans. Certes, des parades viennent à l'esprit, mais elles se révèlent inefficaces. Démonstration.

1. Apport en SCI en vue de donation de parts en démembrement. Des parents souhaitent apporter un bien qu'ils possèdent à une SCI constituée avec leurs enfants pour ensuite leur faire donation progressive des parts, avec réserve d'usufruit. Le bien, acheté 100 000 euros il y a quinze ans, en vaut aujourd'hui 300 000, soit une plus-value de 200 000 euros. L'impôt à acquitter au moment de l'apport à la SCI est d'environ le tiers de cette somme. Dissuasif !

2. Apport de la nue-propriété à une SCI. Les parents, dans la soixantaine, envisage de n'apporter que la nue-propriété à la SCI et de conserver l'usufruit. Compte tenu du barème fiscal (voir n° 045), l'apport est limité à 60 % de la valeur du bien (180 000 euros), ce qui fait passer la plus-value de 200 000 euros à 120 000 euros. L'économie est substantielle mais cette parade peut être un leurre. En effet, la SCI a acquis la nue-propriété « à titre onéreux » (l'apport n'est pas une donation, l'apporteur ayant reçu des parts en échange) ; elle recevra l'usufruit « par extinction » au décès des parents. Si les enfants, qui ont reçu les parts de SCI en donation du vivant de leurs parents, veulent vendre le bien moins de trente ans après la constitution de la SCI, la plus-value sera égale à la différence entre le prix de vente du bien et le montant de l'apport (180 000 euros) : lorsque la nue-propriété a été acquise à titre onéreux, la valeur de l'usufruit acquis par voie d'extinction est nulle, dit en substance une instruction de l'administration fiscale.

3. Vente des parts à l'étranger. Puisque c'est comme ça, disent les enfants, nous n'allons pas vendre le bien mais céder nos parts hors de France. La loi de finances rectificative pour 2011 a prévu le cas et fermé l'échappatoire : lorsque les cessions sont réalisées à l'étranger, elles doivent être constatées dans le délai d'un mois par un acte reçu en la forme authentique par un notaire exerçant en France et ce, quelle que soit la nationalité des cédants et des cessionnaires.

Partie 2

Les possibilités offertes par la SCI

Nous entrons ici directement dans les multiples solutions patrimoniales que permet la SCI, que ce soit au profit des époux, des concubins, des familles, des chefs d'entreprise ou, plus généralement, des investisseurs. Ces solutions sont plus ou moins complexes. Elles font souvent appel au démembrement de propriété, traité dans la partie 1. Elles recourent également à des subtilités comme la libération progressive du capital ou l'alimentation des comptes courants des associés. Ces notions sont explicitées dans la suite de l'ouvrage, chacune de leur utilisation fait l'objet d'un renvoi au paragraphe d'explication. Certains montages, aussi alléchants soient-ils, doivent être entourés de précaution : la rédaction des statuts par acte notarié, par exemple. Dans ce cas, un avertissement met en garde le lecteur. Enfin, il est certains espoirs que l'on met à tort dans la SCI, comme l'anonymat ou la fraude fiscale.

La SCI au service des époux

Selon leur régime matrimonial, les époux peuvent avoir intérêt, ou non, à recourir à la SCI pour acquérir le logement familial. Si l'objet de leur investissement est autre (logement locatif, murs d'entreprise, etc.), le recours à la SCI est à conseiller dans tous les cas. De plus, d'astucieux montages sont rendus possibles.

A. Époux en communauté

061 – Logement familial. Lorsque des époux, mariés en communauté réduite aux acquêts (régime légal) ou en communauté universelle, achètent leur logement à fonds communs, celui-ci tombe dans la communauté. En cas de décès d'un époux, sa transmission est réglée par les dispositions du Code civil relatives à la liquidation du régime matrimonial et aux successions. En cas de divorce, la loi attribue le logement à celui des époux qui en a le plus besoin. C'est pourquoi la constitution d'une SCI ne présente pas beaucoup d'intérêt pour eux en ce qui concerne l'acquisition de leur résidence principale. Sauf peut-être dans une optique de transmission du patrimoine (voir « Cas pratique » ci-après)…

ATTENTION ! L'entrepreneur individuel qui achète sa résidence principale en SCI ne peut pas bénéficier de la mesure d'insaisissabilité instaurée par la loi Dutreil (voir n° 111).

062 – Investissement immobilier. Des époux communs en biens peuvent recourir à la SCI lorsqu'ils achètent un logement (ou un local commercial) en vue de le louer. Ainsi pourront-ils profiter des avantages du démembrement de propriété appliqué aux parts de société plutôt qu'un bien immobilier (voir n° 040). Une donation d'usufruit temporaire, par exemple, se révèle une très bonne solution pour assurer un revenu à un enfant pendant ses études supérieures (voir n° 082).

ATTENTION ! **063 –** En cas d'investissement dans un logement neuf dans le cadre des dispositifs Pinel, Duflot, Scellier, Robien, Borloo, etc., la donation du bien ou des parts de SCI, même avec réserve d'usufruit, est interdite pendant les années de location obligatoire (six ans minimum en Pinel, neuf ans pour les autres dispositifs), sauf à perdre l'avantage fiscal en totalité.

064 – Cas pratique
De la retraite des parents aux vacances des enfants

À l'approche de la soixantaine, des époux vendent leur pavillon de banlieue pour acheter une villa au bord de la mer afin d'y passer une retraite paisible. Dès le départ, ils ont l'idée qu'après eux, cette maison pourrait devenir la résidence secondaire de leurs enfants. Jusqu'à la réforme de la taxation des plus-values, on aurait plutôt conseillé aux parents d'acheter en leur nom et, dans quinze ans, d'apporter la villa à une SCI constituée avec les enfants si le projet de leur transmettre le bien tient toujours. Après quinze ans de possession du bien, l'apport était, en effet, exonéré d'impôt sur la plus-value. Au 12 février 2012, le délai de quinze ans est passé à trente ans.

Puis, au 1ᵉʳ septembre 2013, le délai d'exonération a été ramené à vingt-deux ans pour l'impôt mais est resté à trente ans pour les prélèvements sociaux. L'apport avant ce délai peut donc donner lieu à un impôt de plus-value très pénalisant. Pour cette raison, il est préférable que les parents achètent dès maintenant la villa au travers d'une SCI constituée avec leurs enfants. Ils pourront sans attendre leur faire une première donation de parts en nue-propriété, puis une seconde dans quinze ans en profitant chaque fois à plein de l'abattement successoral (depuis 2013, il est de 100 000 euros par enfant et par donation de chacun des parents) dont bénéficient les donataires. N'oublions pas que, depuis le 17 août 2012, le délai de reconstitution de l'abattement n'est plus de dix ans mais de quinze ans.

B. ÉPOUX EN SÉPARATION DE BIENS

065 – ÉVITER L'INDIVISION. Lorsqu'ils achètent ensemble leur logement, les époux mariés en régime séparatiste (séparation de biens ou participation aux acquêts) sont en indivision. En cas de rupture de la vie commune et à défaut d'entente, chacun des indivisaires peut donc demander la mise en vente du bien afin de récupérer sa part. En cas de décès, autre problème : le survivant se retrouve en indivision avec les héritiers du prédécédé. Le risque de conflit d'intérêts entre eux est important et le survivant n'est pas assuré de pouvoir rester vivre dans le logement. Pour ces couples séparés de biens, une SCI bien conçue constitue donc une excellente solution.

066 – RÉÉQUILIBRER LES PATRIMOINES. La séparation de biens est le régime patrimonial que choisissent fréquemment les époux lorsque l'un d'entre eux est appelé à prendre des risques financiers dans son activité professionnelle. En cas de mauvaises affaires, le conjoint est préservé. Mais, en cas de réussite, l'enrichissement profite seulement au patrimoine du chef d'entreprise. Un investissement en SCI peut, sous certaines conditions, rééquilibrer au moins en partie les patrimoines des époux (voir cas pratique ci-après).

067 – Cas pratique
Une SCI généreuse pour un seul époux

Des époux sont mariés sous le régime de la séparation de biens, avec un fort déséquilibre de patrimoine entre les deux, au détriment de l'épouse. Les ressources du ménage proviennent surtout des revenus du mari, l'épouse ayant un revenu très inférieur. Pour enrichir celle-ci, les époux décident de constituer entre eux une SCI dont l'objet sera la réalisation d'un investissement locatif. Le capital est fixé au montant de l'investissement (par exemple, 300 000 euros frais compris), soit 300 parts de 1 000 euros chacune. Le mari apporte 50 000 euros et reçoit 50 parts. L'épouse apporte 250 000 euros et reçoit 250 parts. Mais seul le mari libère immédiatement son apport, qui va servir à payer une partie du prix d'achat et les frais. Le solde (250 000 euros) est financé à crédit sur vingt ans.

* Remboursement du crédit. Les mensualités du prêt sont financées par les loyers et, s'ils ne suffisent pas, par les versements que l'épouse fait sur son compte courant dans la société, en ponctionnant sur les économies du ménage. Fiscalement, les intérêts constituent une charge déductible des revenus fonciers ; mais non l'amortissement du prêt, de sorte que la part des loyers utilisée à cet effet constitue un bénéfice foncier imposable entre les mains des associés, c'est-à-dire les époux, soumis à imposition commune.

* Libération du capital par l'épouse. L'assemblée générale annuelle décide d'imputer ce « bénéfice comptable » sur les comptes courants des associés, chacun à proportion de sa part dans le capital social, puis de vider le compte courant de l'épouse des sommes qui y figurent (ses versements et l'affectation du résultat) pour libérer, à due concurrence, son apport au capital social. On ne touche pas au compte courant du mari qui a déjà libéré son apport (sur le compte courant, voir n° 237).

> **Exemple.** Les mensualités de crédit payées par la SCI s'élèvent à 1 500 euros par mois, soit 18 000 euros par an. Supposons que, au cours de l'année N, ces 18 000 euros se répartissent entre les intérêts pour 6 000 euros et l'amortissement du prêt pour 12 000 euros. Un sixième de ces 12 000 euros est versé sur le compte courant du mari (2 000 euros) et

cinq sixièmes sur celui de l'épouse (10 000 euros). Cette année-là, l'épouse libère son apport en capital par imputation des 10 000 euros affectés à son compte courant. Côté impôt, le ménage, soumis à imposition commune déclare 12 000 euros de revenus fonciers et paye l'impôt et les prélèvements sociaux correspondants.

- Vente du bien. Une fois le prêt intégralement remboursé, l'épouse se trouve avoir entièrement libéré son apport. La SCI vend alors le bien et les associés décident, en assemblée générale, de dissoudre la société, de liquider le passif (le compte courant du mari) et de répartir l'actif net entre les associés. Le mari a droit au paiement de ses 50 parts sociales. L'épouse, qui n'a pas mis un euro personnel dans la SCI, a droit au paiement de ses 250 parts sociales.

➤ **Exemple.** Le bien est vendu 320 000 euros. Faisons abstraction ici de l'impôt de plus-value éventuel. La société rembourse au mari son compte courant, crédité au fil des années d'un sixième de l'amortissement du prêt de 250 000 euros, soit 41 667 euros. L'actif net de la société s'élève donc à 278 333 euros (320 000 − 41 667) et chacune des 300 parts du capital vaut 927,77 euros (278 333/300). Le mari reçoit 46 389 euros pour ses 50 parts et l'épouse 231 944 pour ses 250 parts… qui ne lui ont rien coûté !

Avertissement. Financée avec la seule contribution du mari, l'opération a surtout enrichi l'épouse. Il y a donc eu donation. Pour que celle-ci ne soit pas considérée comme déguisée, ce qui pourrait la rendre nulle, les époux devront prendre la précaution de constituer la société par acte authentique, devant notaire (voir n° 157). La donation reste néanmoins indirecte. Elle n'est pas nulle et, depuis la réforme introduite par la loi du 26 mai 2004 (entrée en vigueur le 1er janvier 2005), elle n'est plus révocable à tout moment par la volonté du donateur. Toutefois, les droits de donation peuvent être réclamés par le fisc (s'il en a connaissance avant prescription). De plus, au décès du donateur, la donation est réductible à la demande des enfants du défunt si leur réserve héréditaire est atteinte. Prudence, donc, surtout en présence d'enfants d'un premier lit du mari.

La SCI au service
des concubins

À la différence du Code civil napoléonien, la loi n'ignore plus les concubins. Mais ceux-ci, même pacsés, ne bénéficient pas (encore ?) d'un traitement identique à celui des époux, en particulier sur le plan successoral. L'acquisition du logement familial en SCI et l'aménagement de certaines clauses permettent, en cas de décès de l'un des concubins, de préserver les intérêts de l'autre.

A. L'ACQUISITION DU LOGEMENT FAMILIAL

068 – SCI PLUTÔT QU'INDIVISION. Pour faciliter la gestion du bien, les concubins qui achètent ensemble leur logement trouveront avantage à passer par une SCI. Ils échapperont ainsi aux contraintes de l'indivision. Ils pourront aussi organiser plus facilement le sort du logement en cas de rupture de la vie commune. Il est, en effet, plus simple (et plus économique – voir n° 040) de procéder à des rachats de parts entre eux qu'à des rachats de droits indivis. La SCI leur offre également de plus grandes possibilités pour assurer, au décès d'un concubin, le logement du survivant (voir ci-après).

069 – SCI mieux que tontine. Souvent utilisée dans le passé par les concubins, la tontine est une technique d'achat selon laquelle le dernier vivant des acquéreurs est considéré comme le seul propriétaire du bien depuis l'origine. Dangereuse (la seule possibilité d'en sortir du vivant des tontiniers est la vente du bien d'un commun accord), elle est également devenue de portée limitée : son avantage fiscal ne profite qu'aux logements valant moins de 76 000 euros au jour du premier décès (montant fixé par la loi de finances pour 1980 et non revalorisé depuis – article 754-A dans le Code général des impôts). Si le logement vaut plus, la transmission au survivant est taxée comme une donation.

B. La protection du survivant

070 – Absence de droit au Logement du survivant. Si la loi a prévu des droits pour le conjoint survivant (voir section précédente), il n'existe rien de tel pour les concubins non pacsés : quand l'un décède, ses héritiers peuvent mettre le survivant à la porte. Pour des partenaires pacsés, en cas de décès de l'un d'eux, le survivant bénéficie gratuitement du droit d'usage et d'habitation du domicile commun, à condition que le défunt n'en ait pas décidé autrement dans son testament. Mais ce droit est temporaire et ne court que pendant un an à compter du décès.

071 – Dispositions à prévoir. Pour assurer le logement du survivant, les concubins peuvent recourir à deux solutions qui ont fait leurs preuves : la cession croisée d'usufruit si le logement leur appartient à tous les deux (cas pratique 1) ; l'apport en jouissance du logement si le logement appartient à un seul (cas pratique 2). Ils peuvent aussi faire chacun un testament en faveur de l'autre, ou se consentir des donations. Entre concubins pacsés, la fiscalité de l'héritage et des donations est calquée sur celle des époux mariés :

- Exonération de l'héritage entre pacsés. Depuis la loi TEPA (Travail, Emploi et Pouvoir d'Achat) du 21 août 2007, les conjoints (mariés) et les partenaires pacsés héritent l'un de l'autre sans aucun droit de succession à payer, et cela sans limites de montant. Attention à la portée exacte de ce texte : l'exonération entre partenaires pacsés supprime un impôt mais ne confère aucun droit à hériter. Si les époux ont vocation à hériter l'un de l'autre en l'absence de descendants, il n'existe rien de tel entre partenaires pacsés, pour lesquels il convient de prévoir des dispositions testamentaires. Si des pacsés souhaitent hériter l'un de l'autre, ils doivent le prévoir en rédigeant un testament.

- Taxation des donations. L'exonération des libéralités entre époux ne concerne que les successions, c'est-à-dire les transmissions pour cause de mort, et non les « mutations entre vifs ». Les donations que peuvent se consentir de leur vivant les époux et les partenaires pacsés restent soumises à des droits de donations. Toutefois, la loi TEPA a aligné l'abattement des pacsés sur celui des époux. Dans les deux cas, aucun droit n'est dû si la donation ne dépasse pas 80 724 euros (plafond depuis 2011). Rappelons enfin que, au décès du donateur, ces donations peuvent, à la demande des enfants, être réduites en cas de dépassement de la quotité disponible.

072 – Cas pratique
Procéder à une cession croisée d'usufruit

Les concubins, pacsés ou non, qui ont eu la bonne idée d'acheter en SCI peuvent ensuite se céder mutuellement l'usufruit de leurs parts. Pour peu que l'acquisition ait été faite à crédit, les frais sont minimes, les droits étant calculés sur l'actif net du passif. Certes, la cession croisée de parts démembrées est un acte assez technique pour justifier l'intervention d'un notaire. Mais le jeu en vaut la chandelle. Chacun devient nu-propriétaire de ses parts et usufruitier de celles de l'autre. Au premier décès, l'usufruit du défunt s'éteint. La moitié en nue-propriété du concubin en vie devient moitié en pleine propriété, sans droits de succession à payer. Et sur l'autre moitié, il conserve l'usufruit. Il dispose ainsi du droit de jouissance sur la totalité du logement, pour le restant de sa vie. Seule lui échappe la nue-propriété des parts du défunt. Mais une clause d'agrément bien rédigée lui permettra de la racheter (voir n° 152).

073 – Cas pratique
Apporter à la SCI la jouissance du logement

Quand le logement est la propriété d'un seul des concubins ou des partenaires pacsés, la solution consiste à créer une SCI entre les deux, dans laquelle le propriétaire ne fait apport que de la jouissance du bien. Cette solution semble préférable à une autre consistant à apporter l'usufruit du bien. En cas d'apport en jouissance, en effet, l'apporteur conserve la propriété du bien ; si l'union tourne court, il suffit de dissoudre la société. En cas d'apport en usufruit, au contraire, l'apporteur n'a plus que la nue-propriété du bien. Il perd donc une partie de ses prérogatives de propriétaire. Par ailleurs, l'usufruitier étant une société, le démembrement est obligatoirement limité dans le temps. *« L'usufruit qui n'est pas accordé à des particuliers ne dure que trente ans »*, précise en effet l'article 619 du Code civil.

La SCI au service
des parents donateurs

Donner à un enfant étudiant les loyers d'un bien locatif ou transmettre progressivement un patrimoine immobilier à sa descendance, cela peut se faire sans passer par une SCI. L'avantage de la société est de permettre aux parents donateurs de conserver la maîtrise du bien en restant gérants.

A. DONATION DE LA NUE-PROPRIÉTÉ

074 – TRANSMISSION SUCCESSORALE. La donation d'un bien immobilier par des parents à leurs enfants est une façon usuelle d'organiser et d'anticiper la transmission d'un patrimoine d'une génération à l'autre. Il est toutefois préférable de passer par une SCI. En effet, quand le bien est en SCI, la donation porte sur les parts de la société, et non sur le bien physique, ce qui évite de complexifier la gestion du bien par suite d'indivision (voir n° 022) ou de démembrement de propriété (voir n° 035).

- Si la donation du bien est une éventualité fortement envisagée dès l'origine, il est préférable d'acheter le bien au travers d'une SCI constituée entre parents et enfants, en prenant bien soin, dans les statuts, de dispenser d'agrément les cessions de parts entre associés. Ainsi, les parents peuvent faire des donations de parts à leurs enfants sans avoir à purger chaque fois la lourde procédure d'agrément.

- Dans le cas contraire où le bien a été acheté en direct, son apport ultérieur à une SCI est, bien sûr, possible. Mais l'opération va déclencher la taxation de la plus-value, à moins qu'il ne se soit écoulé trente ans entre l'achat et l'apport… Un délai très long !

À NOTER | **075 –** Même si les parts données valent plus cher qu'à la création de la société, la donation, qui est une mutation à titre gratuit, ne déclenche pas l'imposition sur la plus-value (contrairement aux mutations à titre onéreux : vente, apport en société).

076 – Réserve d'usufruit. Les parents donateurs peuvent vouloir conserver l'usage du bien donné, parce qu'il s'agit du logement qu'ils occupent, ou continuer d'en percevoir les fruits, parce que le bien est loué et qu'ils ont besoin des loyers pour vivre. Dans ce cas, ils ne donnent que la nue-propriété des parts et conservent l'usufruit. Fiscalement, l'opération est intéressante (voir cas pratique ci-après).

077 – Donations successives. Plutôt que de donner toutes les parts d'un coup, il est préférable d'étaler dans le temps les donations, pour des raisons fiscales. Chaque enfant bénéficie, en effet, d'un abattement de 100 000 euros (montant applicable depuis le 17 août 2012) sur les donations que lui consent chacun de ses père et mère. Cet abattement se renouvelle tous les quinze ans (contre dix ans jusqu'au 17 août 2012 et six ans jusqu'à juillet 2011).

078 – Conservation de la gérance. Le donateur doit conserver au moins une part en pleine propriété pour rester gérant si les statuts prévoient que le gérant est choisi parmi les associés. Sous cette réserve, il conserve l'ensemble de ses pouvoirs de gestion qui lui sont reconnus par les statuts.

---

079 – Cas pratique
Donner sans rien changer

Une SCI réunit des parents, gérants, et leurs deux enfants. Son capital est divisé en 100 parts réparties entre les parents (49 parts chacun) et les enfants (1 part chacun). La SCI possède des immeubles estimés à 1 600 000 euros et n'a aucune dette. Chaque part vaut donc 16 000 euros en pleine propriété. En 2016, les parents, âgés de 66 et 67 ans, font une donation de 40 parts sociales (20 chacun) en nue-propriété à leurs enfants. Compte tenu de l'âge des parents, l'usufruit représente 40 % de la valeur totale de la part, soit 6 400 euros (16 000 x 40 %) et la nue-propriété 60 %, soit 9 600 euros. Chaque enfant reçoit donc 192 000 euros (20 x 9 600), une moitié (96 000 euros) de son père et l'autre moitié de sa mère. Grâce à l'abattement de 100 000 euros (depuis 2013) sur la donation reçue de chacun des parents, l'opération se fait sans avoir à payer de droits de donation. Seuls sont dus les frais d'acte notarié. Une donation en pleine propriété aurait attribué 320 000 euros à chaque enfant, qui aurait eu des droits à payer sur 120 000 euros [320 000 – (2 x 100 000)]. Malgré la donation, les parents restent gérants avec des pouvoirs de gestion très étendus sur les immeubles, dont ils conservent l'usage (habitation personnelle ou perception des loyers). Dans quinze ans, en 2031, les parents pourront donner d'autres parts dans les mêmes conditions, les enfants bénéficiant à nouveaux de leur abattement successoral.

B. Donation d'un usufruit temporaire

080 – Attribution d'un revenu. Moins pratiquée que la donation en nue-propriété, la donation d'usufruit s'avère pourtant très utile en certaines circonstances : lorsque le propriétaire n'a pas besoin de l'usage du bien ni des revenus qu'il procure. Il peut alors en faire profiter quelqu'un d'autre, généralement pour une durée temporaire. Par exemple, sept ans pour un enfant majeur qui poursuit des études de médecine (voir cas pratique ci-après). Si les parents sont assujettis à l'ISF, ils en tireront un avantage supplémentaire.

- La valeur de « *l'usufruit constitué pour une durée fixe est estimée à 23 % de la valeur de la propriété entière pour chaque période de dix ans de la durée de l'usufruit, sans fraction et sans égard à l'âge de l'usufruitier* », précise l'article 669-II du Code général des impôts (voir n° 046).

- Pendant la durée du démembrement, les parents donateurs de l'usufruit n'ont plus que la nue-propriété des parts de la SCI. En conséquence, celles-ci n'entrent plus dans l'assiette de l'impôt de solidarité sur la fortune (ISF), s'ils y sont assujettis. Les biens en usufruit figurent, en effet, dans le patrimoine de l'usufruitier pour la totalité de leur valeur. C'est donc l'usufruitier qui doit compter les parts dans l'assiette de son ISF, si toutefois il en est redevable.

081 – Nécessité d'un acte notarié. « *Tous actes portant donation entre vifs seront passés devant notaire* », précise l'article 931 du Code civil. Le don manuel, valable pour les donations de sommes d'argent, d'objets ou de valeurs mobilières (actions), n'est pas autorisé pour les donations de parts de sociétés civiles, en pleine propriété comme en démembrement.

082 – Cas pratique
Un revenu pendant le temps des études

Une SCI a été constituée il y a quelques années entre des parents et leur fille, aujourd'hui majeure, titulaire d'une part symbolique. La société possède des biens immobiliers donnés en location et distribue chaque année des revenus fonciers aux parents en quasi-totalité. Or, ceux-ci sont fortement imposés. Leur fille, au contraire, est étudiante sans ressources. Ils peuvent, bien sûr, lui verser une pension alimentaire, qu'ils ne pourront déduire de leur revenu imposable qu'à concurrence de 5 726 euros, montant admis en 2015 et, en principe, révisable chaque année. Les parents peuvent aussi lui faire donation de l'usufruit temporaire de leurs parts, pendant huit ans. C'est donc à la fille que la SCI versera les revenus fonciers attachés aux parts démembrées des parents. Compte tenu de la valeur du patrimoine de la SCI, les parts valent 250 000 euros en pleine propriété. Un usufruit temporaire de dix ans maximum vaut 23 % de cette somme, soit 57 500 euros. Ce montant est nettement inférieur à l'abattement auquel l'enfant a droit (depuis 2013, il est de 100 000 euros pour la donation de chaque parent donateur). Il n'y aura pas de droits de donation à payer.

Avertissement. La fille ne doit plus faire partie du foyer fiscal de ses parents. Elle fera sa propre déclaration de revenus. Mais si les loyers et la pension alimentaire constituent ses seules ressources, elle restera probablement dans les premières tranches du barème. De leur côté, les parents perdront une demi-part de quotient familial mais ils feront l'économie des impôts sur les revenus fonciers qu'ils ne perçoivent plus. En outre, les parts dont ils ne sont plus que nus-propriétaires sortiront de leur assiette de l'ISF, s'ils y sont assujettis.

La SCI au service du patrimoine familial

La transmission intergénérationnelle de biens immobiliers peut se faire à titre gratuit (donation) ou à titre onéreux (vente). En fonction des aspirations des parents et des enfants, différentes solutions juridiques et financières sont possibles. La mise en œuvre de certaines d'entre elles peut nécessiter l'assistance d'un conseil avisé.

A. La constitution d'une SCI entre le vendeur et ses héritiers

083 – Avantages financiers. Voilà un propriétaire bailleur lourdement taxé sur ses revenus fonciers depuis qu'il n'a plus de crédit sur le bien loué. Il lui vient alors l'idée de créer une SCI dont il va rester le principal associé. La société va emprunter et lui racheter le bien. En apparence, c'est tout bénéfice. D'une part, il empoche le prix ; d'autre part, il allège sa facture fiscale en déduisant à nouveau des intérêts. Mais le fisc l'attend : il n'admet la « vente à soi-même » que dans une certaine mesure.

084 – Limites de la « vente à soi-même ». En considérant que la vente est uniquement fondée sur des préoccupations fiscales, il invoquera l'abus de droit et refusera la déduction des intérêts. Pour avoir quelque chance de succès, la « vente à soi-même » doit avoir d'autres motivations : solder un prêt en cours et réemprunter à meilleur taux, par exemple, ou substituer un prêt classique à un crédit *in fine* dont on ne peut pas rembourser le capital… Encore faut-il que l'administration fiscale se laisse convaincre.

085 – Vente à une SCI familiale. Dès lors que le propriétaire du bien n'est pas majoritaire dans la SCI qui rachète le bien, il n'y a plus de « vente à soi-même ». Des parents qui ont besoin d'un capital mais qui souhaitent garder un bien dans la famille plutôt que de le vendre à des tiers peuvent recourir à la solution de la vente à une SCI constituée avec leurs enfants et dans laquelle ils seront minoritaires (voir cas pratique ci-après).

086 – Attention aux montages téméraires. Des entreprises de conseil patrimonial proposent des montages fondés sur la vente d'un bien par son propriétaire à une SCI familiale dont il est l'un des associés. Pour ne pas encourir les foudres du fisc, il faut qu'il y ait un réel changement de propriétaire du bien. Ce n'est pas le cas si le vendeur détient la quasi-totalité des parts de la SCI.

- C'est pourquoi la publicité faite pour ce type de montage précise généralement que le vendeur doit être marié sous le régime de la séparation de biens. Il faut aussi que le bien vendu lui appartienne personnellement et que la SCI soit composée de plusieurs associés : le conjoint et les enfants, par exemple. Enfin, il est préférable que l'ancien propriétaire détienne moins de la moitié du capital social de la SCI si l'on veut éviter que l'Administration assimile l'opération à une « vente à soi-même ».

* Les personnes qui se voient proposer de tels montages doivent vérifier que toutes ces conditions sont réunies. Elles peuvent aussi consulter leur notaire pour savoir si une modification de leur régime matrimonial, même partielle, n'aboutirait pas à un résultat comparable dans de meilleures conditions de sécurité.

---

087 – Cas pratique
Transmettre un bien et l'argent du bien

Des parents âgés sont propriétaires d'un immeuble locatif qu'ils souhaitent transmettre à leurs enfants majeurs. Plutôt que de leur donner le bien, ils le vendent à une SCI constituée par ces enfants. Ceux-ci n'ont pas les capitaux nécessaires ? Qu'importe. La société emprunte et les loyers couvrent les remboursements de prêt. Plus fort encore ! Si les enfants perçoivent eux aussi des loyers sur lesquels ils sont fortement imposés, la société a intérêt à souscrire un crédit *in fine*. L'opération permettra aux associés de ne pas dégager de bénéfices fonciers supplémentaires, voire de réaliser un déficit qui viendra défiscaliser leurs autres revenus fonciers. Quant aux parents, s'ils n'ont pas besoin d'argent, ils peuvent placer le montant de la vente en assurance-vie, en désignant les enfants comme bénéficiaires. À terme, ceux-ci se retrouveront avec l'immeuble et l'argent de l'immeuble, dans d'excellentes conditions fiscales. N'oublions pas, en effet, que l'assurance-vie permet de transmettre jusqu'à 152 500 euros par souscripteur et par bénéficiaire en franchise d'impôt sur les successions, à condition toutefois que le contrat ait été souscrit avant l'âge de 70 ans. Autre possibilité : si les enfants ne disposent pas des capitaux nécessaires pour adosser le crédit *in fine* à un contrat d'assurance-vie, les parents peuvent leur faire donation d'une partie de l'argent provenant de la vente. Grâce aux abattements (depuis 2013, 100 000 euros par enfant et par donation consentie par chacun des parents), la donation peut se faire sans impôt jusqu'à un montant élevé : 400 000 euros pour une donation par les deux parents à leurs deux enfants.

B. La conservation d'une propriété familiale d'agrément

088 – Éviter l'indivision. La villa au bord de la mer ou le chalet à la montagne, acheté par les parents il y a bien longtemps, garde toujours la faveur des enfants – et des petits-enfants – qui aiment à s'y retrouver pendant les vacances. Qu'en adviendra-t-il au décès du père ou de la mère ? Si rien n'est fait, les héritiers risquent, en indivision, d'avoir toutes les peines du monde à entretenir cette propriété. La mettre en SCI, à l'initiative des parents ou de leurs héritiers, permet de conserver et de gérer cette propriété de famille dans de meilleures conditions.

089 – Souplesse des cessions de parts. L'occupation de la propriété par les associés ainsi que la participation aux charges peuvent être réglées avec plus de souplesse et de pérennité par une décision de la SCI que par une convention d'indivision. Bien sûr, cette solution ne met pas à l'abri des contestations. Mais, en cas de besoin, il est plus simple de racheter ses parts à un associé (acte sous seing privé, non publié, taxé au droit d'enregistrement au taux de 5 %) que ses droits à un indivisaire (acte notarié soumis à publicité foncière et taxé au taux de 5,80 %).

090 – Cas pratique
Un *timeshare* familial

Voici l'exemple, un peu exceptionnel, d'une famille propriétaire d'une maison de vacances à travers trois générations. Dans le cadre d'une SCI, bien sûr ! La parole est au gérant : « *Nous arrivons à la dernière résolution : l'approbation du calendrier des vacances pour la prochaine saison estivale. Qui est pour ? Je vois que tout le monde est d'accord. La résolution est adoptée à l'unanimité. L'ordre du jour est épuisé. Si plus personne ne demande la parole, je déclare l'assemblée levée. Nous pouvons passer à table, n'est-ce pas Mamie ?* »

C'est devenu un rite, dans cette famille. Tous les ans, début février, enfants et petits-enfants se réunissent chez leur grand-mère pour tenir l'assemblée générale de leur société civile immobilière. La réunion se termine par un repas de famille. La société a été créée il y a douze ans entre tous les membres de la famille, à l'initiative des grands-parents. Ils y apportèrent la propriété de vacances qu'ils possédaient de longue date dans une station balnéaire. Quelque temps plus tard, ils firent donation de la nue-propriété d'une partie des parts à leurs enfants et petits-enfants, tous très attachés à la maison. La répartition du capital a été modifiée une nouvelle fois au décès du grand-père. Comme celui-ci était le gérant désigné par les statuts, il a fallu en nommer un autre. C'est le fils aîné qui a été élu à cette fonction. À l'occasion de l'assemblée générale annuelle, le gérant présente son rapport de gestion à ses coassociés, soumet les comptes sociaux à leur approbation et propose le règlement de différentes questions : les travaux à envisager, les appels de fonds nécessaires pour payer les dépenses, etc. Mais la résolution que tous attendent, c'est la dernière, celle qu'ils appellent leur *timeshare* « maison ». Chaque année, ils répartissent entre eux les semaines de vacances d'été dans la villa, en tenant compte des souhaits de chacun et en s'attribuant les meilleures périodes à tour de rôle. Et ça fonctionne ainsi depuis des années ! « *Le fait d'être en société facilite beaucoup les choses car chacun se plie à la loi de la majorité, explique le gérant. Sans la SCI, nous serions en indivision. Je ne suis pas sûr que celle-ci aurait résisté longtemps aux désaccords ou aux petites disputes qu'on rencontre inévitablement, même dans les familles les plus unies.* »

C. La transformation d'une propriété en vue de sa transmission

091 – SCI optant pour l'IS. En présence d'un immeuble loué et nécessitant de gros travaux : ravalement, toiture, etc., les parents propriétaires qui souhaitent conserver le bien dans la famille ont intérêt à en faire apport à une SCI constituée avec leurs enfants. La société opte dès le départ pour l'impôt sur les sociétés (voir n° 051), puis se lance progressivement dans les travaux, financés partiellement à crédit.

* L'intérêt de l'IS est de pouvoir amortir le bâti (le terrain n'est pas amortissable), à un taux compris entre 3 et 4 %. Cette charge, déductible du résultat, permet à la société de dégager de la trésorerie, très utile pour contribuer au paiement des travaux. C'est autant de moins que les associés doivent apporter en compte courant. De plus, elle devient assujettie à la TVA, ce qui lui permet de récupérer la TVA sur ses investissements.

* Mais attention ! L'option à l'IS est irrévocable et le changement de régime fiscal déclenche l'imposition des plus-values latentes. De plus, la société perd sa transparence fiscale. Si elle verse des dividendes, ceux-ci se retrouveront imposés deux fois : au niveau de la société d'abord, puis entre les mains des associés. Enfin, en cas de revente de l'immeuble social, la plus-value (égale à la différence entre le prix de vente et la valeur résiduelle du bien inscrite au bilan, c'est-à-dire après amortissement) est intégrée dans le résultat de l'exercice et imposée au taux de l'IS.

092 – Objectif transmission. Compte tenu des contraintes comptables et fiscales, un montage en SCI optant pour l'impôt sur les sociétés doit être réservé aux opérations de rénovation lourde portant sur des immeubles importants, avec l'objectif de transmettre les parts sociales aux héritiers des apporteurs du bien. L'objectif n'est pas de tirer des revenus de la SCI, laquelle n'a pas vocation à faire des bénéfices ni, pour des raisons fiscales, à distribuer des dividendes. L'intérêt est purement successoral, ce qui destine l'opération essentiellement à des parents disposant d'un patrimoine important.

- Donation de parts. Les parents vont faire donation de leurs parts à leurs enfants, en une ou plusieurs fois, avec réserve d'usufruit pour minorer la valeur des donations. Avec le jeu des abattements reconstitués tous les quinze ans, les donations se feront dans d'excellentes conditions fiscales. De plus, et à la différence de la vente, la donation ne déclenche pas la taxation des plus-values.

- Cession de la SCI par les enfants. Au décès des parents, l'usufruit sur les parts prendra fin automatiquement. Les enfants, devenus pleinement propriétaires de l'intégralité des parts, pourront sortir de l'opération en vendant l'intégralité des parts de SCI, et non le bien lui-même, pour des raisons de plus-value. Car celle-ci sera égale à la différence entre le prix de cession des parts et leur valeur en pleine propriété au moment où elles ont été reçues par les cédants, même si c'était par donation en nue-propriété. Dès lors que les cédants sont des personnes physiques, la plus-value sera taxée au régime des plus-values immobilières des particuliers (voir n° 212).

**093 – Cas pratique
La rénovation et l'agrandissement d'un hôtel**

Des parents sont, de très longue date, propriétaires des murs d'un hôtel loué à une SARL qui leur appartient également et qui exploite le fonds de commerce. Les enfants souhaitent participer à l'exploitation hôtelière mais, pour que celle-ci soit rentable, l'établissement a besoin d'être agrandi et rénové, ce qui est techniquement possible. Les parents apportent les murs à une SCI constituée avec leurs enfants. La SCI opte immédiatement pour le régime fiscal de l'impôt sur les sociétés et applique la TVA sur les loyers du bail commercial. Elle emprunte les sommes nécessaires et se lance dans les travaux, sur lesquels elle pourra récupérer la TVA et dont elle pourra amortir le coût. Les loyers payent les charges mais sans dégager de bénéfice. Dans sa nouvelle configuration, l'hôtel aura besoin du travail des enfants, qui pourront être salariés. Indépendamment, les parents pourront leur faire donation, en une ou plusieurs fois (à quinze ans d'intervalle) de la nue-propriété des parts. Après le décès de leurs parents, les enfants seront pleinement propriétaires de la SCI, dont ils pourront céder les parts s'ils souhaitent en sortir.

D. La SCI d'attribution,

alternative à la copropriété

094 – SCI à statut particulier. La société civile d'attribution, régie par les articles L. 212-1 à L. 212-9 du Code de la construction et de l'habitation, a pour objet « *la construction ou l'acquisition d'immeubles en vue de leur division par fractions destinées à être attribuées aux associés en propriété ou en jouissance* ». Le recours à la SCI d'attribution suppose que l'immeuble devant entrer dans la société puisse être physiquement découpé en plusieurs locaux, chaque associé ayant vocation à avoir la jouissance exclusive de l'un de ces locaux.

- « *Les droits des associés dans le capital social doivent être proportionnels à la valeur des biens auxquels ils ont vocation par rapport à la valeur de l'ensemble telles que lesdites valeurs résultent de la consistance, de la superficie, de la situation et des possibilités d'utilisation des biens appréciées au jour de l'affectation à des groupes de droits sociaux déterminés* », précise l'article L. 212-5 du Code de la construction et de l'habitation.

- Plusieurs personnes peuvent ainsi acheter un immeuble entier et se répartir entre elles les locaux (logements, murs commerciaux, etc.), selon leur préférence : par exemple, un associé voulant se loger prendra les parts conférant la jouissance d'un logement, tandis qu'un autre, à la recherche de revenus, demandera l'attribution des parts donnant vocation à la jouissance d'un local commercial loué. De même, sous cette forme de SCI, des frères et sœurs peuvent recevoir en donation de leurs parents une grande propriété pouvant être aisément découpée en plusieurs logements ; chacun des donataires bénéficiant ainsi de la jouissance exclusive d'un logement.

ATTENTION !

095 – Le recours à la société civile d'attribution proposé ci-dessus n'est valable que dans un cadre familial ou amical restreint. Il ne saurait être utilisé pour échapper à la loi sur la copropriété, dont l'application est d'ordre public.

096 – PARTICULARITÉS DE FINANCEMENT. Par rapport à la SCI ordinaire, les possibilités d'emprunt sont élargies. D'abord, la SCI d'attribution entre dans le champ d'application de l'épargne-logement. Ses associés peuvent donc contracter un prêt de cette nature, ce que ne peuvent pas faire les associés d'une SCI ordinaire.

Ensuite, la société peut donner caution hypothécaire pour la garantie des emprunts contractés par les associés. Le cautionnement doit toutefois être autorisé par les statuts, avec stipulation que l'engagement de la société est strictement limité aux parties divises et indivises de l'immeuble social auxquelles le bénéficiaire du crédit aura vocation en propriété (article L. 212-7 du Code de la construction et de l'habitation).

097 – Cas pratique
Un immeuble familial en SCI d'attribution

Avant l'achat, les futurs associés constituent une SCI d'attribution et établissent, en application de l'article L. 212-2 du Code de la construction et de l'habitation, « *un état descriptif de division délimitant les diverses parties de l'immeuble social en distinguant celles qui sont communes de celles qui sont privatives* ». Les statuts de la SCI divisent le capital social en groupes de parts. À chaque groupe est affecté l'un des lots définis par l'état descriptif de division. L'attributaire d'un groupe de parts est donc titulaire de la jouissance d'un lot précis. Le règlement détermine la destination des parties réservées à l'usage exclusif de chaque associé et, s'il y a lieu, celle des parties communes affectées à l'usage de tous les associés ou de plusieurs d'entre eux. Chaque associé peut faire des améliorations dans son logement sans en perdre le bénéfice, puisqu'il valorisera seulement le prix de ses propres parts. Les associés peuvent même choisir leurs voisins : par le jeu d'une clause d'agrément prévue dans les statuts, ils peuvent contrôler toute nouvelle arrivée dans la société. En effet, un associé voulant vendre ses parts doit demander à ses coassociés d'agréer préalablement l'acquéreur. Dans une copropriété classique, au contraire, les copropriétaires sont libres de vendre leur lot à qui bon leur semble. C'est pour éviter le développement d'une telle entrave à la liberté de vendre que la SCI d'attribution est cantonnée à un environnement restreint.

La SCI au service des investisseurs

Réunir les capitaux – ou les capacités d'épargne – de plusieurs personnes permet de faire des investissements plus importants. Ces personnes ne doivent toutefois pas sortir du cercle de la famille ou des relations proches. Par ailleurs, les investisseurs réfractaires à la gestion locative disposent d'une alternative à l'immobilier en direct : les SCPI.

A. L'ACQUISITION À PLUSIEURS

098 – ACCROISSEMENT DES MOYENS FINANCIERS. À deux ou trois ou plus encore, il devient possible d'acheter un grand appartement ou plusieurs petits, ou bien encore une maison – très recherchée par les locataires. Vous cherchez des associés pour créer une SCI ? N'allez pas passer une petite annonce, vous pourriez être passible de lourdes sanctions pénales pour appel public à l'épargne !

099 – INTERDICTION D'APPEL PUBLIC À L'ÉPARGNE. Pour assurer la protection des épargnants, le Code monétaire et financier réserve, en effet, la possibilité de proposer au

public des titres financiers aux sociétés civiles placées sous le statut particulier des SCPI, dont la création et le fonctionnement sont étroitement contrôlés par l'Autorité des marchés financiers (AMF).

100 – Crowdfunding. Depuis deux ans, le financement participatif (crowdfunding en anglais) ne se limite plus à la recherche de capitaux pour les start-up. Certaines platesformes ont, en effet, étendu leur activité au « crowdfunding immobilier », selon deux formules différentes : contribuer au financement d'un programme de construction en prêtant de l'argent à un promoteur ; acheter des titres de sociétés qui acquièrent elles-mêmes des biens immobiliers pour les mettre en location, après travaux éventuellement.

- Dans le premier cas, si l'affaire tourne mal, le risque est de perdre sa mise, en tout ou partie. Dans le second cas, le risque est le même si la société dont les internautes achètent des titres est de forme commerciale.

- Mais s'il s'agit d'une société civile, le risque peut aller au-delà de la mise de fonds initiale. Si la SCI fait des dettes supérieures à son capital (à la suite d'un sinistre mal assuré ou de travaux plus coûteux que prévu, par exemple), les associés devront reverser de l'argent pour combler le passif, chacun à proportion de sa part dans le capital (voir n°s 019 et 174).

À NOTER L'AMF, en charge notamment de surveiller la légalité des produits de placement offerts au public, observe de près cette nouvelle pratique d'investissement locatif par crowdfunding et ne devrait pas tarder à rendre un avis, voire à proposer une réglementation.

101 – Cas pratique
SCI et réduction d'impôt Pinel

Trois personnes constituant des foyers fiscaux différents se regroupent en SCI pour acheter un bien de 360 000 euros que chacune n'aurait sans doute pas pu acquérir à elle seule. Le capital social est réparti à égalité entre les trois associés (3 x 120 000 euros). Chacun bénéficie de la réduction d'impôt, toutes les autres conditions étant par ailleurs remplies, à hauteur d'un tiers du prix d'achat de ce logement, lequel est toutefois plafonné par la loi à 300 000 euros. Soit une base de réduction d'impôt égale à 100 000 euros pour chacun des trois associés.

B. LA CRÉATION D'UNE SCI DE SCPI

102 – DÉFINITION DE LA SCPI. Les sociétés civiles de placement immobilier (SCPI) sont des sociétés civiles particulières, dotées d'un statut juridique les autorisant à faire appel public à l'épargne ou, comme il convient de dire depuis l'ordonnance n° 2009-80 du 22 janvier 2009, à « *procéder à une offre au public des titres financiers* » (voir article 1841 du Code civil). Codifiés pour l'essentiel aux articles L. 214-50 à L. 214-84, L. 231-8 à L. 231-21 et L. 732-7 du Code monétaire et financier, ces fonds immobiliers non cotés sont créés et gérés par des sociétés de gestion agréées par l'Autorité des marchés financiers (AMF). Les SCPI sont elles-mêmes soumises au visa préalable et au contrôle régulier de cette Autorité.

103 – DESCRIPTION DU SECTEUR. Au 30 juin 2015, il existait 166 SCPI, réparties entre 26 sociétés de gestion et représentant une capitalisation de l'ordre de 35 milliards d'euros. Pour l'essentiel, les SCPI se répartissent en deux grandes catégories :

- Les SCPI d'entreprise, très majoritaires (89 % de la capitalisation d'ensemble). Créées pour de très longues durées, elles ont vocation à distribuer des revenus élevés (5,08 % en 2014). C'est le produit d'épargne retraite immobilière par excellence.

- Les SCPI résidentielles, dont les dernières en date, fondées sur la réduction d'impôt Pinel, sont en cours de collecte. Créées pour des durées courtes (de l'ordre de quinze ans), elles permettent de constituer un capital dans des conditions fiscales avantageuses.

104 – Alternative à l'immobilier physique. Avec l'argent collecté auprès des épargnants, qui deviennent associés, les SCPI achètent des immeubles qu'elles mettent en location et dont elles perçoivent les loyers. Après déduction des charges générées par les immeubles et le fonctionnement de la SCPI, les loyers nets sont distribués aux associés, chacun à proportion de son nombre de parts. Comme un bien immobilier physique, des parts de SCPI peuvent être achetées au travers d'une SCI, afin de profiter au mieux des facultés de démembrement (voir cas pratique ci-après).

- Accès à l'immobilier d'entreprise. Si les SCPI fiscales sont investies en logement, les autres sont investies en immobilier d'entreprise (bureaux, murs de commerce, entrepôts, etc.), plus rémunérateur que l'immobilier résidentiel.

- Absence de problèmes de gestion immobilière. Les associés des SCPI n'ont pas à s'impliquer dans la gestion des immeubles entièrement assurée par la gérance (achat, location, entretien, arbitrages, etc.). Mais ils sont informés et ont leur mot à dire : réunis une fois par an en assemblée générale, les associés reçoivent un rapport annuel et trois bulletins trimestriels pour suivre la vie de leur SCPI.

105 – Responsabilité des associés. Elle n'est pas illimitée, comme dans les SCI ordinaires (voir n° 018). Dans les SCPI, la responsabilité des associés était, à l'origine, limitée à deux fois leur mise de fonds, c'est-à-dire deux fois le prix qu'ils avaient payé pour acquérir leurs parts. Depuis, en application de la loi n° 2003-706 du 1er août 2003 relative à la sécurité financière, la responsabilité des associés de SCPI peut être ramenée à leur mise de fonds si une assemblée générale extraordinaire de la société en a décidé ainsi dans les deux années suivant la promulgation de la loi citée ci-dessus. Ce que toutes les SCPI se sont empressées de faire.

106 – Fiscalité. Comme la SCI, la SCPI n'est pas assujettie à l'impôt sur les sociétés : elle bénéficie de la transparence fiscale. Les revenus qu'elle distribue sont imposés entre les mains des associés, dans la catégorie des revenus fonciers. Si les parts sont achetées à crédit, les intérêts d'emprunt sont déductibles des revenus fonciers.

IMPORTANT !

107 – Comme l'immobilier physique, les parts de SCPI peuvent être achetées à crédit.

108 – Cas pratique
L'intérêt de loger un portefeuille de SCPI dans une SCI

Un père et son fils veulent constituer ensemble un portefeuille de SCPI. Leur objectif est de procurer un complément de revenu au père, qui dispose d'un petit capital (40 000 euros, par exemple) mais de faibles ressources. Le fils dispose d'un capital un peu plus élevé (60 000 euros, par exemple) et n'a pas besoin de revenus dans l'immédiat. Mais il n'est pas contre l'idée de réaliser une plus-value à terme. Ni l'un ni l'autre n'ont envie de s'investir dans la gestion d'un bien immobilier. Ils optent donc pour des SCPI. Ils pourraient acheter des parts en démembrement : l'usufruit pour le père, la nue-propriété pour le fils. Ils tomberaient alors sous le coup de la présomption de gratuité prévue à l'article 751 du Code général des impôts (voir n° 039). Ils apportent donc leur capital respectif à une SCI qu'ils créent entre eux. Ils prennent soin de faire établir les statuts par acte authentique, devant notaire. Le père reçoit 40 parts de la SCI et le fils 60. Avec les 100 000 euros, la SCI acquiert des SCPI d'entreprise. Ensuite, toujours devant notaire, le père fait donation à son fils de la nue-propriété de ses parts de SCI, dont il conserve l'usufruit. Le fils, lui, fait donation temporaire (vingt ans, par exemple) de son usufruit sur ses parts de SCPI. L'intégralité des revenus revient donc au père, qui n'a déboursé que 40 % de la valeur des SCPI. Quant au fils, il a sorti la valeur de ses parts de l'assiette de l'ISF (s'il y est assujetti) puisqu'il n'en possède plus que la nue-propriété.

La SCI au service du chef d'entreprise

Le recours à la SCI pour loger les immeubles de l'entreprise est un grand classique. Toute la question est de savoir à qui doit appartenir la SCI : à l'entreprise ou à son dirigeant ? La détention personnelle des immeubles est, pour le dirigeant, un choix patrimonial intéressant que la réforme des plus-values commande de faire dès l'origine.

A. L'ACQUISITION DES IMMEUBLES PAR L'ENTREPRENEUR

109 – QUESTION CONTROVERSÉE. L'entreprise doit-elle être propriétaire ou non des immeubles nécessaires à son activité ? Les partisans de la propriété considèrent que cette richesse rassure le banquier et facilite l'obtention de crédits. Les opposants pensent que ces immobilisations lourdes sont un frein à la capacité d'investissement de l'entreprise et, donc, à son développement. Le débat reste ouvert.

110 – OPTION RENFORCÉE POUR LA SCI. En revanche, dès lors que la décision est prise de faire acquérir les immeubles par l'entrepreneur, il est recommandé à celui-ci d'acheter dès l'origine dans le cadre d'une SCI, pour au moins deux raisons :

* Depuis que l'exonération complète de la plus-value immobilière des particuliers est acquise au bout de trente ans, au lieu de quinze précédemment (voir n° 056), l'apport à une SCI de biens achetés en direct moins de trente ans auparavant sera souvent d'un coût fiscal dissuasif.

* La SCI permettra d'utiliser de façon optimisée le démembrement de propriété pour la transmission des parts et donc, en sous-jacent, des biens immobiliers. La donation temporaire d'usufruit au profit d'un enfant majeur peut s'avérer intéressante (voir n° 082).

---

111 – Cas pratique
Le logement de l'entrepreneur individuel face aux créanciers

La loi Dutreil du 1er août 2003 permet à l'entrepreneur individuel de rendre insaisissable sa résidence principale en cas de faillite de sa part. Pour cela, il doit faire établir un acte notarié. Cet avantage n'est pas prévu si le logement est acheté en SCI. En cas de faillite de l'entrepreneur, les créanciers pourront donc saisir les parts de la société civile pour se rembourser. L'entrepreneur individuel qui a de bonnes raisons d'acheter son logement en SCI dispose d'une autre solution. Elle consiste à monter son entreprise non pas sous la forme individuelle mais sous la forme d'une société commerciale dans laquelle sa responsabilité sera limitée à son apport en capital (SARL, EURL, SAS, etc.). En cas de dépôt de bilan, et en l'absence de faute grave de sa part ou de cautionnement personnel de ses dettes professionnelles, les poursuites des créanciers ne seront pas étendues à ses parts sociales de la SCI propriétaire du logement.

<table>
<tr><td>ATTENTION !</td><td>Le fait que l'entrepreneur possède et dirige à la fois la SCI et l'entreprise ouvrait également la voie à des montages originaux : la cession temporaire de l'usufruit des biens immobiliers. Cela permettait à la SCI d'empocher immédiatement, en capital, l'équivalent de plusieurs années de loyer. Ce montage astucieux a été réduit à néant par la loi de finances pour 2013, laquelle a rendu le prix de cession de l'usufruit imposable comme des loyers.</td></tr>
</table>

B. L'EXTERNALISATION ULTÉRIEURE DES IMMEUBLES DE L'ENTREPRISE

112 – COÛT FISCAL ÉLEVÉ… L'opération peut se révéler coûteuse sur le plan fiscal si les biens immobiliers ont fait l'objet d'un amortissement comptable, ce qui est presque toujours le cas. Le montant pour lequel ils sont inscrits au bilan de l'entreprise risque, en effet, d'être très inférieur à leur valeur réelle, pour laquelle ils vont être apportés à la SCI. L'entreprise réalise alors une plus-value importante, taxée au prix fort. Intégrée au chiffre d'affaires de l'entreprise, elle supporte intégralement l'impôt sur les sociétés.

113 – … SAUF EXCEPTIONS. L'inconvénient fiscal doit toutefois être étudié au cas par cas. Il arrive que, devenus obsolètes, les immeubles d'une entreprise voient leur valeur réduite, pour l'essentiel, à celle du terrain. Or ce dernier n'est pas amortissable. Dans ce cas, l'apport des locaux à une SCI ne dégagera pas de plus-values substantielles. Occasionnellement, des textes légaux peuvent également être mis à profit :

- Différentes lois destinées à favoriser la transmission des entreprises ont instauré des exonérations de plus-values. Ces exonérations peuvent être totales ou partielles, selon le niveau du chiffre d'affaires réalisé par l'entreprise. Une consultation auprès de l'expert-comptable de l'entreprise permettra d'estimer le montant exact de la plus-value imposable.

- Une « exit tax » (taxe de sortie) à taux préférentiel avait été instaurée pour inciter les entreprises à externaliser leurs immeubles afin de dégager des capitaux nécessaires à leur développement. Lorsqu'elles apportaient leurs immeubles à des fonds immobiliers, cotés en Bourse (SIIC) ou non cotés (SCPI, OPCI), les entreprises étaient imposées forfaitairement sur la plus-value réalisée. Le taux forfaitaire, de 16,5 % à l'origine, était ensuite passé à 19 % en 2009. Puis cette « exit tax », prévue à l'article 210 E du Code général des impôts a été supprimée en 2011.

---

114 – Cas pratique
Une entreprise plus facile à vendre

Propriétaire des murs et du fonds, un chef d'entreprise souhaite vendre et prendre sa retraite. L'ensemble vaut trop cher pour les repreneurs intéressés. Il sort alors l'immobilier et l'apporte à une SCI constituée avec lui-même, son conjoint et leurs enfants. Il vend le fonds séparément, pour un prix plus abordable, à un repreneur auquel la SCI loue les murs. Notre chef d'entreprise gagne alors sur tous les tableaux. Avec les loyers, il s'assure des revenus pour sa retraite. En faisant donation progressive de la nue-propriété des parts à ses enfants, il transmet le bien en douceur. En se nommant gérant statutaire, il peut continuer à gérer les immeubles de la SCI.

Les services que ne rend pas la SCI

Contrairement à ce que certains croient, la SCI ne fait pas de miracles. Elle n'a pas le pouvoir, par exemple, de faire disparaître les dettes, ni les impôts. Elle ne permet pas non plus d'acheter en totale confidentialité, ni de faire une donation en échappant aux droits d'enregistrement, très élevés entre parents éloignés et non-parents.

A. FRAUDER LE FISC

115 – DÉGUISER UNE DONATION. Chaque année, l'administration fiscale rend public le rapport du Comité consultatif pour la répression des abus de droit. Dans ce « bêtisier » des contribuables, après les éternelles donations déguisées en vente, on trouve toujours en bonne place des montages en SCI trop téméraires ou franchement naïfs. Il s'agit, par exemple, de donations déguisées d'un immeuble sous couvert de parts sociales ou bien de donations d'usufruit temporaire de parts sociales dans le seul et unique but d'échapper à l'impôt de solidarité sur la fortune.

- L'action de l'Administration est fondée sur l'article L. 64 du Livre des procédures fiscales, prévoyant notamment que « *ne peuvent être opposés à l'administration des impôts les actes qui dissimulent la portée véritable d'un contrat ou d'une convention… »*.

- L'administration fiscale est donc en droit de restituer son véritable caractère à l'opération litigieuse. En cas de désaccord sur les redressements notifiés sur le fondement de cet article, le litige est soumis, à la demande du contribuable, à l'avis du Comité consultatif pour la répression des abus de droit.

116 – SE LOGER EN PAYANT MOINS D'IMPÔTS. Un propriétaire ne peut pas déduire de ses revenus les frais de sa résidence principale tels que les intérêts d'emprunt, les charges de copropriété, les dépenses d'entretien ou les impôts fonciers. Alors que ces charges sont déductibles des loyers procurés par les biens donnés en location. D'où l'idée née chez certains contribuables de créer une SCI pour être propriétaires du logement, eux-mêmes n'étant que locataires. Ils paient un loyer, généralement peu élevé.

- La SCI acquitte les charges, fait les travaux et, naturellement, dégage un déficit foncier. Les associés n'ont plus alors qu'à imputer ce déficit sur leurs autres revenus fonciers, voire sur leur revenu global, ce qui leur permet de réaliser une belle économie d'impôt.

- Abus de droit, oppose l'Administration qui sanctionne systématiquement ce type de montage par un redressement. Avec intérêts de retard et pénalités, car il n'y a aucune chance que la bonne foi du contribuable soit reconnue.

B. Échapper aux curieux ou aux créanciers

117 – Conserver l'anonymat. Vous ne voulez pas qu'on sache que le propriétaire de la plus belle maison du coin, c'est vous. D'où l'idée de vous cacher derrière une SCI au nom peu évocateur. Si c'est là votre seule raison, c'est peine perdue. L'anonymat ne résistera pas longtemps. N'oubliez pas, en effet, que la SCI doit se faire immatriculer au registre des sociétés tenu par le greffe du tribunal de commerce de son siège social. Sans cette formalité, elle n'a pas la « personnalité juridique », un élément essentiel de son existence (voir n° 132). Or n'importe qui peut se procurer un extrait de ce registre, sur lequel figurent les noms des associés.

118 – Limiter son obligation aux dettes. Certains chefs d'entreprise en difficulté imaginent qu'une SCI pourrait les mettre à l'abri de leurs créanciers. Un commerçant, par exemple, propriétaire à la fois des murs de boutique et du fonds de commerce, peut être tenté de mettre le local en SCI. « *Si mes affaires tournent mal, mes créanciers pourront toujours saisir le fonds mais ils n'auront pas les murs* », pense-t-il. Ce n'est pas aussi simple.

* Les créanciers sont prévoyants. En garantie d'un prêt consenti au commerçant pour ses besoins professionnels, la banque peut exiger que la SCI dans laquelle il a placé ses murs de boutique se porte caution et hypothèque les biens immobiliers. Les créanciers peuvent même demander que les différents associés se portent personnellement cautions solidaires de la société. En cas de défaillance de l'emprunteur, le prêteur réclamera la totalité des remboursements à la SCI et, si cela ne suffit pas, à l'un des associés – le plus solvable – qui s'est porté caution solidaire.

- À défaut de garanties préalables, les créanciers disposent aussi d'un recours en justice, appelé « action paulienne », qui leur permet de poursuivre les biens dont le débiteur s'est dessaisi dans le seul but de leur nuire. Une autre possibilité consiste à demander au tribunal d'étendre la faillite du commerçant à l'ensemble de son patrimoine, y compris à ses parts dans la SCI ou à la SCI s'il en est le principal associé.

Partie 3

La création de la SCI

Les articles 1845 et suivants du Code civil définissent les dispositions applicables à toutes les sociétés civiles ordinaires. Ces règles peuvent toutefois, pour la plupart d'entre elles, être largement interprétées. C'est l'objet des statuts, c'est-à-dire du contrat de société signé entre les associés, dont les clauses vont leur servir de loi entre eux. Les principales clauses pour lesquelles les associés disposent d'une réelle liberté contractuelle sont celles relatives aux apports et à la constitution du capital social, aux conditions d'agrément des nouveaux associés, à l'administration de la société et aux pouvoirs de son gérant. Sur ces différents points, les chapitres suivants commencent par rappeler les dispositions légales applicables en l'absence de conventions particulières dans les statuts. Puis ils proposent des rédactions de clauses que les associés peuvent adopter s'ils souhaitent personnaliser leur société pour qu'elle réponde au mieux à leurs attentes.

Les actes juridiques et les formalités

Si la SCI est faite pour vous, vous allez devoir rédiger des statuts. N'oubliez pas d'accomplir ensuite les formalités, indispensables pour donner une existence légale à votre société.

A. La rédaction des statuts

119 – Utilité d'un conseil professionnel. Il faut avoir de solides connaissances juridiques pour rédiger soi-même les statuts d'une SCI. La fixation du capital, sa répartition, l'objet de la société, les pouvoirs du gérant, les clauses d'agrément, etc. Tous ces points exigent une rédaction précise et pointue. Le recours à un professionnel du droit est donc conseillé.

Certes, il existe des imprimés prêts à l'emploi, disponibles dans les librairies spécialisées, et des modèles téléchargeables sur Internet. Mais, si ces formules peuvent éventuellement convenir pour la création d'une SCI très simple, elles atteignent vite leurs limites dès lors que des intérêts familiaux ou patrimoniaux entrent en jeu.

- C'est le cas lorsque, dans un couple marié sous un régime de communauté, un seul des conjoints est associé de la société ; ou bien lorsque la société doit comprendre des mineurs parmi ses associés et qu'elle projette d'emprunter pour acquérir un bien immobilier. Les conseils d'un praticien avisé sont alors fortement conseillés et la rédaction des statuts par acte notarié est vivement recommandée.

- En cas d'apport d'un bien immobilier, le recours au notaire devient obligatoire. Un tel apport est, en effet, considéré comme une mutation et doit être constaté par un acte authentique pour les besoins de la publicité foncière.

120 – Contenu des statuts. Comme tout contrat, les statuts commencent par énoncer l'état civil des parties à l'acte, futurs associés et signataires du document. Viennent ensuite les clauses de pure forme : la nature de la société, son nom, sa durée, l'adresse de son siège social. Ces clauses ne nécessitant pas de développements particuliers, elles sont traitées ci-après. En revanche, plusieurs points méritent qu'on leur consacre un chapitre à chacun :

- le capital, avec les apports qui le constituent et les parts sociales remises aux associés en échange de leur participation au capital (voir n°s 135 à 155) ;

- les droits et obligations des associés (n°s 156 et 174), ainsi que leur pouvoir de décision dans le cadre des assemblées générales (voir n°s 249 à 257) ;

- les règles d'administration de la société par son gérant, les pouvoirs et les obligations de celui-ci (voir n°s 175 à 191).

B. L'ÉTAT CIVIL DE LA SOCIÉTÉ

121 – NATURE. L'article 1er des statuts porte sur la nature de la société : il s'agit d'une société civile régie par les articles 1832 et suivants du Code civil et par les textes qui viendraient modifier ou compléter ultérieurement les dispositions de ce Code. La société est également régie par ses propres statuts, lesquels ont valeur de loi entre les parties signataires.

122 – NOM. La dénomination sociale réclame un peu d'originalité pour éviter les confusions avec d'autres sociétés. Baptiser une société familiale « SCI Martin », du seul patronyme de ses associés, présenterait de nombreux inconvénients à l'usage. À chacun de faire preuve d'imagination et, pourquoi pas, de fantaisie.

- Si l'on tient à son nom, on peut y ajouter le nom de la rue où est situé le bien que l'on projette d'acquérir par le biais de la SCI, et le numéro dans la rue. Avec ces trois indications, l'originalité de la dénomination est largement assurée.

- Ainsi, un important propriétaire immobilier avait pris l'habitude de créer une SCI spécifique pour chaque immeuble qu'il achetait. Il baptisait la société du prénom de l'un des enfants de sa nombreuse progéniture, auquel il accolait le numéro et le nom de la rue où se trouvait l'immeuble. Exemple : la société propriétaire de l'immeuble situé 15, rue de Grenelle s'appelait « SCI Vincent-15-Grenelle ». Même si le Vincent en question n'était pas associé dans la société…

123 – DURÉE. Elle doit être déterminée dans les statuts et ne pas dépasser quatre-vingt-dix-neuf ans (article 1838 du Code civil). Une société à durée indéterminée serait passible de nullité. La pratique retient la durée maximale de quatre-vingt-dix-neuf ans, avec faculté de prorogation une ou plusieurs fois. Bien entendu, il peut être mis fin à la société avant son terme, par une décision prise en assemblée générale aux conditions de majorité prévues par les statuts (voir n° 293).

124 – Siège social. Pour que la société soit de nationalité française et régie par la loi française, son siège social doit être situé en France. Sa localisation détermine également le tribunal de commerce compétent pour l'accomplissement des formalités légales.

- Pour une SCI n'ayant pas vocation à employer des salariés ni à recevoir du public, il n'est pas nécessaire de disposer de locaux particuliers. Le siège social peut être domicilié chez le gérant. Celui-ci doit toutefois vérifier que rien ne s'oppose à une telle élection de domicile : aucune interdiction du règlement s'il habite dans une copropriété, aucune opposition ou restriction dans le bail s'il est en location. Enfin, il n'oubliera pas d'indiquer le nom de la SCI sur sa boîte aux lettres s'il veut recevoir le courrier destiné à celle-ci !

- Le changement de siège social peut être prévu dans les statuts. Il est d'usage de permettre au gérant de procéder lui-même à tout transfert du siège à l'intérieur de la même ville. En revanche, une décision des associés prise en assemblée générale est nécessaire si le déménagement de la société conduit celle-ci dans le ressort de compétence d'un autre tribunal de commerce. En effet, une modification de l'immatriculation de la société s'impose.

C. La définition de l'objet social

125 – Licéité. « *Toute société doit avoir un objet licite* », avertit l'article 1833 du Code civil. Serait illicite une activité contraire à l'ordre public et aux bonnes mœurs.

Par exemple, l'acquisition de locaux à usage de maison de rendez-vous ou de cercle de jeux clandestins. Ces hypothèses restent toutefois théoriques, car on imagine mal des associés avouer leurs intentions coupables dans les statuts, document officiel dont la justice aura connaissance !

- N'est pas non plus considéré comme licite le fait pour une société civile d'avoir un objet commercial. Sur ce point, les risques d'erreurs sont manifestes. Fixer pour objet à une SCI l'acquisition de tous biens et droits immobiliers « *en vue de leur revente* » équivaut à lui donner une activité commerciale de marchand de biens.

- Le caractère illicite de l'objet social est sanctionné par la nullité de la société (article 1844-10 du Code civil). L'action en nullité peut être engagée devant les tribunaux par toute personne concernée, y compris les associés eux-mêmes. Une société poursuivie en justice sur ce motif ne peut pas interrompre la procédure en modifiant ses statuts. Ainsi en décide l'article 1844-11 du Code civil : « *L'action en nullité est éteinte lorsque la cause de la nullité a cessé d'exister le jour où le tribunal statue sur le fond en première instance, sauf si cette nullité est fondée sur l'illicéité de l'objet social* ».

126 – LIBELLÉ DE L'OBJET SOCIAL. L'objet doit être rédigé de façon suffisamment précise pour bien en indiquer le caractère civil et éviter à la société tout risque de requalification en société commerciale. Mais il doit rester assez large pour laisser à la société toute sa souplesse de gestion.

- Pour une SCI classique, l'objet généralement retenu est « *la propriété de tous biens et droits immobiliers que la société acquiert ou reçoit en apport ; la gestion et l'exploitation de ces biens et droits, sous forme de location ou autre, éventuellement de mise à disposition gratuite ou non au profit d'un associé ou de sa famille ; et, plus généralement, toutes opérations financières, mobilières ou immobilières à caractère purement civil se rattachant à l'objet social ».*

- Avec un tel objet, la SCI peut acheter pour louer ou pour laisser l'usage du bien acquis à l'un des associés, même gratuitement. Autorisée à faire *« toutes opérations financières »* en rapport avec son objet, la SCI a le droit d'emprunter pour financer ses acquisitions ou des travaux destinés à maintenir ou à favoriser l'exploitation de ses biens immobiliers.

D. LES FORMALITÉS À ACCOMPLIR

127 – ENREGISTREMENT. Les statuts se terminent généralement par une délégation de pouvoir donnée par les associés au gérant afin qu'il effectue les formalités nécessaires. La première consiste à enregistrer les statuts dans le mois de leur signature.

- S'ils ont été établis par acte sous seing privé, l'enregistrement est fait en quatre exemplaires auprès de la recette des impôts du siège social ou du domicile de l'un des associés. Cette formalité est effectuée sans frais (article 810 bis du Code général des impôts).

- Sur les quatre exemplaires enregistrés, l'un est conservé par la recette des impôts, deux autres sont destinés à l'immatriculation, le dernier étant conservé par la société. De simples copies certifiées conformes par le gérant sont remises aux associés.

128 – ANNONCE LÉGALE. Un avis de constitution doit être publié dans un journal d'annonces légales paraissant dans la région où est situé le siège de la société. Il s'agit d'une mesure de publicité destinée à informer les tiers de l'existence d'une nouvelle société. Un faire-part de naissance, en quelque sorte.

L'avis de constitution contient les mentions suivantes : la date de signature des statuts, le nom de la société et sa forme (« société civile immobilière », par exemple), le montant du capital social et la valeur nominale des parts, l'adresse du siège social, l'objet de la société et sa durée, le nom du ou des gérants, le tribunal de commerce où sera immatriculée la société.

129 – IMMATRICULATION. Pour donner une existence officielle à la société, c'est-à-dire lui conférer la personnalité juridique, il faut l'immatriculer au registre du commerce et des sociétés. Les formalités de constitution d'une société civile se font auprès du Centre de formalités des entreprises (CFE).

Le tribunal de commerce compétent est celui dans le ressort duquel la société a son siège. Pour chaque commune, il est possible d'obtenir les coordonnées du tribunal compétent sur le site Internet de l'Insee : www.sirene.tm.fr/annuaire.cfe

Le gérant dépose, auprès du greffe du tribunal de commerce, les documents suivants :

- deux exemplaires des statuts ;
- un exemplaire du journal d'annonces légales où figure l'insertion concernant la société ;
- l'acte de nomination du gérant s'il n'est pas désigné dans les statuts ;
- le cas échéant, le rapport du commissaire aux apports ;
- une déclaration sur papier libre de non-condamnation du gérant, ainsi que sa carte de séjour s'il est de nationalité étrangère.

Les services du greffe délivrent alors un numéro d'immatriculation et publient la société au BODACC. Le Bulletin officiel des annonces civiles et commerciales a pour vocation, en application des textes sur le registre du commerce et des sociétés, de publier les annonces légales rythmant la vie d'une entreprise : création, modifications, mutations et cessation d'activité. Il publie également les avis relatifs aux procédures de redressement et liquidation judiciaires.

À NOTER — **130** – Si le dépôt est effectué par une autre personne que le gérant, un pouvoir signé par les associés doit autoriser cette personne à procéder aux formalités. Ce pouvoir est toutefois inutile lorsque les statuts ont été dressés par acte authentique et que les formalités sont accomplies par le notaire.

---

131 – Cas pratique
Le coût de création d'une SCI

Le principal poste de dépenses est constitué par les honoraires du praticien si l'on fait appel à un professionnel pour rédiger les statuts. Avocat ou notaire, les honoraires sont libres. Comptez généralement entre 1 000 et 2 500 euros, selon la complexité du dossier et la réputation du praticien. L'enregistrement des statuts ne coûte rien (le droit de timbre a été supprimé en 2006) si les apports sont purs et simples (voir n° 148). Pour l'insertion dans un journal d'annonces légales, il faut compter entre 150 et 200 euros. Pour les formalités d'immatriculation, le montant réclamé par le greffe du tribunal de commerce est forfaitaire (84,24 euros TTC à Paris). Il faut y ajouter le coût d'achat et de paraphe des livres réglementaires : registre des assemblées, livre d'inventaire, livre journal. Enfin, en cas d'apport d'immeuble à la SCI, il y a lieu de prévoir les frais de publicité foncière et, le cas échéant, le montant de l'impôt de plus-value immobilière sur le bien apporté (voir n° 145).

E. Les conséquences d'un défaut d'immatriculation

132 – Absence de personnalité. Sans immatriculation, la société n'est pas nulle (sur les causes de nullité, voir n° 295). En effet, l'article 1871 du Code civil prévoit que « *les associés peuvent convenir que la société ne sera point immatriculée* ». Mais elle change de nature et devient une « société en participation ». Elle est alors dépourvue de la personne morale, ce qui la prive de l'essentiel de son intérêt.

Les associés qui souhaiteraient, malgré tout, créer une société en participation peuvent convenir librement de l'objet, du fonctionnement et des conditions de cette société, sous réserve de ne pas déroger à certaines dispositions impératives :

- la contribution aux pertes prévue à l'article 1832 du Code civil ;
- le caractère licite de l'objet social imposé par l'article 1833 ;
- l'interdiction d'augmenter les engagements d'un associé sans son consentement (article 1836 alinéa 2) ;
- le droit de tout associé à participer aux décisions collectives (article 1844 alinéa 1) ;
- l'interdiction des clauses attribuant à un associé l'intégralité des bénéfices ou des pertes (article 1844-1 alinéa 2).

133 – Fonctionnement proche de l'indivision. Faute de personnalité morale, la société non immatriculée ne peut avoir de patrimoine propre. « *À l'égard des tiers, chaque associé reste propriétaire des biens qu'il met à la disposition de la société* », précise l'article 1872. Sont également réputés indivis entre les associés les biens acquis avec l'argent perçu par la société pendant sa durée.

- Dans ses rapports avec les tiers, « *chaque associé contracte en son nom personnel et est seul engagé à l'égard des tiers* », précise l'article 1872-1. Toutefois, si les membres de la société en participation ont fait croire ou ont laissé croire à leurs cocontractants qu'ils agissaient en qualité d'associés, ils sont tenus de respecter les conséquences de leurs actes.

- Si l'objet de la société n'est pas commercial, l'obligation des associés n'est pas solidaire. Chacun est donc tenu d'assumer les conséquences des actes signés tant par lui-même que par ses coassociés, sans limites de montant mais seulement dans la proportion de sa part dans la société.

134 – FIN DE LA SOCIÉTÉ EN PARTICIPATION. « *Lorsque la société en participation est à durée indéterminée, sa dissolution peut résulter à tout moment d'une notification adressée par l'un d'eux à tous les associés, pourvu que cette notification soit de bonne foi, et non faite à contretemps* », prévoit l'article 1872-2. En principe, un associé ne peut pas demander le partage des biens indivis tant que la société n'est pas dissoute.

Le capital, les apports et les parts sociales

Le capital de la société est constitué par les apports des associés. Il est divisé en parts sociales, toutes de même valeur, attribuées aux associés en rémunération de leurs apports.

A. La fixation et le versement du capital

135 – Liberté de principe. La loi se montre très discrète sur le capital, précisant seulement qu'il doit être divisé en parts égales et qu'il peut être fixe ou variable (article 1845-1 du Code civil). Les signataires des statuts peuvent donc mettre à profit la liberté – relative – dont ils disposent pour fixer un capital social servant au mieux leurs intérêts.

136 – Éviter l'absence de capital. La loi ne fixant pas de montant minimal pour le capital social, certains auteurs ont pu affirmer qu'une société civile pouvait très bien être créée sans capital.

On peut effectivement imaginer une SCI sans capital de départ, empruntant la totalité des fonds nécessaires à la réalisation de son objet.

- Cette théorie soulève toutefois une objection. Une jurisprudence très ancienne considère, en effet, qu'une société ne peut valablement exister sans apports. Ceux-ci doivent être réels, c'est-à-dire non fictifs, et estimés à leur juste valeur afin d'attribuer aux associés des parts en rémunération de leurs apports.

- De toute façon, l'absence de capital ne serait pas un choix judicieux sur le plan financier. Il ne faut pas oublier que la plus-value imposable en cas de revente des parts est égale à la différence entre leur prix de cession et leur valeur d'origine. En l'absence de valeur nominale, l'impôt sur la plus-value serait calculé sur l'intégralité du prix de cession, sans déduction aucune.

137 – Laisser le capital variable aux SCPI. La loi donne le choix entre un capital fixe, solution la plus fréquemment retenue (voir n° 138), et un capital variable. Dans cette seconde hypothèse, le capital social varie librement à l'occasion de toute nouvelle entrée ou sortie d'un associé, entre un maximum et un minimum déterminés dans les statuts.

L'intérêt du capital variable est manifeste pour les sociétés appelées à connaître de fréquents changements d'associés, comme les SCPI (voir n° 102), dont plus de la moitié est à capital variable. Le fonctionnement, assorti de quelques règles de sécurité, est à la fois simple et économique, comme on peut en juger :

- À chaque départ, les parts de l'associé quittant la société lui sont remboursées et font l'objet d'une annulation. À chaque entrée, de nouvelles parts sont émises et attribuées à l'associé arrivant, en échange de son apport.

- Pour ne pas mettre la société en difficulté, toute nouvelle entrée devient impossible quand le

« capital statutaire », c'est-à-dire le montant maximal fixé dans les statuts, est atteint. De même, toute nouvelle sortie est interdite lorsque le capital est descendu au minimum prévu par les statuts, lequel ne peut être inférieur à 10 % du capital statutaire.

- Avantage du capital variable : la création de parts nouvelles n'est pas taxée au droit d'enregistrement à 5 %, alors que les acquisitions de parts sur le marché secondaire des SCPI à capital fixe supportent cet impôt.

- De plus, les variations de capital ne donnent lieu à aucune formalité de publicité, alors que tout changement de montant dans une société à capital fixe doit faire l'objet d'une décision en assemblée générale et d'une publication au greffe du tribunal de commerce, ce qui occasionne des frais.

138 – MONTANT DU CAPITAL FIXE. Une SCI ordinaire constituée en famille ou entre proches, pour gérer un petit patrimoine, n'a pas besoin de recourir au capital variable. En revanche, les associés doivent être attentifs au montant du capital fixe qu'ils vont choisir.

Afin de limiter l'impôt sur la plus-value en cas de cession ultérieure de parts de la SCI, la meilleure solution consiste à fixer la valeur du capital à un montant aussi proche que possible de l'investissement envisagé. De la même façon, lorsque les associés font apport à la SCI d'un bien immobilier, le capital social est fixé à la valeur de l'immeuble apporté.

> ➤ **Exemple.** Une SCI est constituée pour acquérir un bien immobilier d'une valeur de 150 000 euros. Le capital est fixé à cette somme de 150 000 euros, même si le prix d'acquisition est payé au moyen d'un emprunt représentant les trois quarts ou la totalité de l'investissement.

139 – LA LIBÉRATION DU CAPITAL SOCIAL. Sous ce terme de « libération » se cache l'obligation, pour les associés, de remettre à la société les apports qu'ils se sont engagés à verser au moment des statuts. Dans une SARL, le capital social doit être intégralement libéré au moment de la constitution de la société. Les associés sont donc tenus de déposer les fonds qu'ils apportent sur un compte en banque avant même de signer les statuts.

- Dans une société civile, la libération du capital peut être différée. Aucune règle n'impose, en effet, de verser immédiatement le montant du capital. Les associés peuvent convenir, dans les statuts, d'un délai dans lequel seront versés les apports en numéraire. Ou, plus généralement, il est prévu que les apports seront effectués « *à première demande du gérant* » ou « *au fur et à mesure des appels de fonds de la gérance* ».

- Plus intéressant encore, le capital peut être libéré par compensation avec les bénéfices revenant aux associés. Ce bénéfice provient, par exemple, des loyers perçus par la SCI propriétaire de biens donnés en location. Chaque année, l'assemblée générale décide d'affecter la part des bénéfices revenant à chaque associé à la libération de son apport dans le capital, à due concurrence.

IMPORTANT ! **140 –** Cette solution est particulièrement avantageuse car il est permis par l'administration fiscale de prendre, comme base de calcul des plus-values, la valeur des parts au jour de la signature des statuts, sans tenir compte de l'époque des libérations successives.

141 – Cas pratique
Un capital libéré par remboursement d'emprunt

Une SCI est créée entre trois associés pour acquérir un bien de 150 000 euros. L'acquisition doit se faire à crédit pour 105 000 euros et au moyen de l'apport des trois associés pour les 45 000 euros de surplus. Il est prévu que chacun apporte 15 000 euros. Dans les statuts, le capital est fixé à 150 000 euros, mais aucun versement n'est demandé aux associés le jour de la signature. Le gérant appellera les apports au moment de l'acquisition du bien. Quant à la libération du capital correspondant aux 105 000 euros empruntés, elle se fera au fur et à mesure de l'amortissement du prêt. Supposons que, la première année, l'emprunt a été remboursé à concurrence de 6 000 euros. L'assemblée générale approuvant les comptes de l'exercice décidera de répartir les 6 000 euros entre les associés dans la proportion de leur part dans le capital, soit 2 000 euros chacun. Par un jeu d'écriture comptable, ces 2 000 euros seront versés sur le compte courant de chacun des associés (voir n° 237). Ensuite, ils seront retirés des comptes courants et s'ajouteront aux 15 000 euros déjà libérés. Et ainsi de suite d'année en année, de telle sorte que la libération totale du capital social correspondra à la fin du remboursement du prêt.

B. Les apports constituant le capital

142 – Trois types d'apport. Le capital est constitué par les apports des associés, en numéraire ou en nature. Il n'est pas nécessaire que les apports des différents associés soient identiques. Dans une société civile, sont également permis les apports en industrie, mais ceux-ci ne concourent pas à la formation du capital social (voir n° 149).

143 – Les apports en numéraire ou en nature peuvent être constitués de deniers ou de biens appartenant à une indivision ou à un couple marié en communauté, alors même qu'un seul indivisaire ou conjoint aura la qualité d'associé. Il peut arriver également que l'associé soit mineur et que les apports soient faits en son nom par l'administrateur légal de ses biens – ses parents, le plus souvent. Ces cas de figure posent des problèmes juridiques particuliers, d'autorisation notamment (voir nos 156 à 164).

144 – APPORTS EN NUMÉRAIRE. Ce sont les fonds que les associés se sont engagés à verser à la société. On a vu que leur versement sur un compte bancaire, préalablement à la signature des statuts, n'était pas exigé. Le versement différé est, en effet, une clause habituelle prévue dans les statuts.

Mais les associés doivent être conscients qu'ils devront honorer leur engagement de paiement, « *à première demande du gérant* », comme le stipulent généralement les statuts. Ceux-ci prévoient d'ailleurs que les sommes non payées à bonne date portent automatiquement intérêt. À défaut de taux fixé dans les statuts, c'est le taux d'intérêt légal qui s'applique.

La société peut poursuivre en paiement tout associé défaillant. Elle peut également réclamer en justice des dommages et intérêts si le non-versement des sommes promises lui a causé un préjudice certain et chiffré. Ce préjudice peut résulter, par exemple, de la perte d'une indemnité d'immobilisation versée par la SCI lors de la signature d'une promesse de vente si la vente n'est pas conclue dans le délai imparti.

145 – APPORTS EN NATURE. Dans une SCI, les apports en nature sont essentiellement constitués par des biens immobiliers. L'apport se réalise par « *transfert de propriété* », disent les juristes. Plus simplement, l'apport équivaut à une vente. Un peu particulière, certes, puisque le « vendeur » ne reçoit pas un prix, mais des parts de société, et que la mutation n'est pas assujettie aux droits d'enregistrement dès lors qu'il s'agit d'apports purs et simples (pour les apports à titre onéreux ou mixtes, voir n° 148).

Mais d'autres conséquences de la vente immobilière trouvent à s'appliquer :

* Puisqu'il y a changement de propriétaire d'un bien immobilier, l'apport doit être constaté par acte notarié et publié aux registres de la publicité foncière tenus par la Conservation des hypothèques du lieu de situation du bien. Si les statuts sont rédigés par acte sous seing privé, ils doivent faire l'objet d'un dépôt au rang des minutes d'un notaire, qui accomplit les formalités de publication dans les deux mois du dépôt.

* Les biens apportés doivent être effectivement mis à la disposition de la société. « *L'apporteur est garant envers la société, comme un vendeur envers son acheteur* », précise l'article 1843-3 alinéa 3 du Code civil. Aussi faut-il lui conseiller d'annexer à l'acte d'apport tous les certificats et diagnostics techniques exigés par la loi.

* Si l'immeuble est situé dans une commune bénéficiant d'un droit de préemption, ce droit doit être purgé par l'envoi en mairie d'une déclaration d'intention d'aliéner (DIA). En revanche, l'apport à une société d'un logement loué ne confère pas de droit de préemption au locataire. Le bail se poursuit normalement, mais le locataire retrouvera son droit d'acheter en priorité en cas de congé pour vente donné par la SCI. Il en va de même en cas d'apport d'un logement situé dans un immeuble venant d'être mis en copropriété.

- L'apport en nature donne lieu à la taxation de la plus-value. Celle-ci est égale à la différence entre, d'une part, la valeur des parts sociales remises à l'apporteur et, d'autre part, le prix pour lequel le bien est entré dans son patrimoine : prix d'acquisition ou valeur indiquée dans l'acte de donation ou dans la déclaration de succession en cas d'héritage.

À NOTER

146 – Les apports en nature sont évalués librement par les associés ; la vérification d'un commissaire aux apports n'étant pas exigée dans les sociétés civiles ordinaires. Toutefois, une surévaluation ou une sous-évaluation peut donner lieu à contestation, soit de la part des autres associés, soit de la part des créanciers de l'apporteur. Un apport sous-évalué pourrait aussi être qualifié de donation déguisée ou indirecte, avec des conséquences variables selon la qualité du bénéficiaire : nullité de la donation ou perception des droits de mutation à titre gratuit.

---

147 – Cas pratique
N'achetez pas pour apporter à une SCI !

Il ne serait pas judicieux d'acheter un bien immobilier sous son nom personnel pour l'apporter aussitôt après à une SCI, surtout si l'acquisition a été faite au moyen d'un crédit garanti par une hypothèque ou un privilège. Car si l'achat a été réalisé sans prêt, les inconvénients restent limités : les honoraires d'un deuxième acte notarié et, le cas échéant, une nouvelle purge du droit de préemption urbain. Un financement par l'emprunt pose des problèmes autrement plus importants. D'abord, la banque prêteuse peut refuser le transfert du prêt et exiger son remboursement anticipé. Ensuite, à supposer qu'elle autorise la reprise du crédit par la SCI, le changement de débiteur nécessite une nouvelle affectation hypothécaire, avec les frais, droits et honoraires prévus en la matière. Enfin, l'apport sera considéré non pas comme « pur et simple » mais « à titre onéreux » à concurrence du capital restant dû par l'apporteur et repris par la société. Or il faut savoir qu'un apport à titre onéreux est taxé au droit d'enregistrement proportionnel à 5,80 %.

148 – Apports à titre onéreux ou mixtes. Un apport est dit « pur et simple » quand l'associé ne reçoit en échange que des parts de la société. Si l'apport est rémunéré autrement que par des droits sociaux, il est dit « à titre onéreux ». S'il est pur et simple pour une partie et à titre onéreux pour une autre partie, il est dit « mixte ». Les conséquences sont fiscales. En effet, l'apport pur et simple n'est pas soumis aux droits d'enregistrement, tandis que l'apport à titre onéreux est taxé comme une vente immobilière (droits d'enregistrement au taux de 5,70 % plus frais d'assiette de 0,10 %, soit 5,80 % au total).

> ➤ **Exemple.** Un bien immobilier acheté à crédit est apporté à une SCI par son propriétaire. Le bien est estimé à 150 000 euros et il reste 100 000 euros de crédit en cours, que la SCI est disposée à reprendre à sa charge (avec l'accord de la banque prêteuse). Il s'agit donc d'un apport mixte. Il est pur et simple à concurrence de 50 000 euros, en l'échange desquels l'apporteur reçoit des parts de la société. Il est à titre onéreux pour 100 000 euros. L'apporteur est libéré du crédit, mais ne reçoit pas de parts sociales en contrepartie de ces 100 000 euros. L'acte notarié constatant l'apport donne lieu, outre des frais d'acte, à la perception des droits d'enregistrement au taux de 5,80 % sur 100 000 euros, soit 5 800 euros.

149 – Apports en industrie. Interdit dans les sociétés commerciales, l'apport en industrie est permis dans les sociétés civiles. Il reste toutefois exceptionnel dans une SCI. On pourrait imaginer, par exemple, que les statuts attribuent des parts en industrie à l'un des associés, en échange de ses conseils éclairés dans la gestion et dans les choix d'investissement tout au long de la vie de la société…

- Les parts en industrie sont non cessibles : son titulaire ne peut ni les vendre, ni les donner, ni les transmettre par succession car elles disparaissent avec son décès. Elles n'ont pas non plus de valeur nominale et n'entrent pas dans la composition du capital social. Elles permettent néanmoins de prendre part aux votes en assemblée générale.

- Elles donnent également droit, pour son titulaire, à participer aux distributions de bénéfices pendant la vie de la société et au moment de sa liquidation, prévoit l'article 1843-2 alinéa 1 du Code civil. Mais elles l'obligent aussi à participer aux pertes, dans les mêmes proportions. Le taux de cette participation est, en principe, fixé dans les statuts. À défaut, il est égal à celui de l'associé ayant la plus petite part de capital.

C. LES PARTS SOCIALES REMISES AUX APPORTEURS

150 – PARTS ÉGALES. En échange de leurs apports, les associés reçoivent des droits dans le capital sous forme de parts sociales. « *Les droits de chaque associé dans le capital social sont proportionnels à ses apports lors de la constitution de la société ou au cours de l'existence de celle-ci* », précise l'article 1843-2 alinéa 1er du Code civil.

Aucun minimum n'est fixé pour la valeur nominale des parts sociales. L'article 1845-1 du Code civil exige seulement que le capital soit « *divisé en parts égales* », ce qui signifie qu'elles doivent être toutes de même valeur. Mais cette valeur est librement décidée par l'ensemble des membres fondateurs.

> ➤ **Exemple.** Une SCI est constituée entre trois personnes : A, B et C. La première, A, apporte un logement en pleine propriété, estimé à 80 000 euros. Les deux autres font des apports en numéraire de 25 000 euros pour B et de 15 000 euros pour C. Le capital est fixé à 120 000 euros et divisé en 1 200 parts d'une valeur nominale de 100 euros chacune. En rétribution de son apport en nature, A reçoit 800 parts, numérotées de 1 à 800. B reçoit 250 parts numérotées de 801 à 1 050 et C se voit attribuer 150 parts, numérotées de 1 051 à 1 200.

151 – DROIT DE VOTE ATTACHÉ AUX PARTS. « *Tout associé a le droit de participer aux décisions collectives* », dit l'article 1844 alinéa 1er du Code civil. Les statuts ne peuvent donc pas interdire à certains associés de participer aux assemblées générales et de voter. Chaque associé dispose, en principe, d'un nombre de voix égal ou proportionnel à son nombre de parts.

Les statuts peuvent toutefois prévoir des dérogations, plus ou moins judicieuses. Ainsi, il peut être utile d'attribuer une voix prépondérante à l'un des associés, par exemple celui qui dispose de la plus importante part du capital, en cas de partage égalitaire des voix.

En revanche, il n'y a pas d'intérêt à attribuer un droit de vote double ou triple à l'un des associés ou à certains d'entre eux dans le cadre d'une SCI de famille, sauf à créer un climat de tension exacerbé entre les minoritaires et le ou les majoritaires.

D. LE CONTRÔLE DU CAPITAL PAR L'AGRÉMENT

152 – CLAUSE D'AGRÉMENT. À la différence des parts en industrie, les parts composant le capital social sont cessibles et transmissibles. Non sans condition !

L'article 1861 du Code civil prévoit, en effet, que « *les parts sociales ne peuvent être cédées qu'avec l'agrément de tous les associés* ». Un associé ne peut donc vendre, donner ou léguer ses parts à la personne de son choix qu'avec l'accord préalable de tous ses coassociés.

- L'unanimité n'est toutefois pas une exigence absolue et les statuts peuvent convenir que l'agrément sera accordé à une majorité qu'ils déterminent : par exemple, la majorité simple ou une majorité qualifiée des deux tiers ou des trois quarts des droits de vote.

- D'après l'article 1861 du Code civil, les statuts peuvent même laisser au gérant le soin de délivrer ou de refuser l'agrément. Cette simplification de la procédure est la bienvenue dans les sociétés comprenant de nombreux associés, comme les SCPI notamment.

153 – VERROUILLAGE DU CAPITAL**.** L'agrément est un atout majeur de la société civile. Il permet aux associés fondateurs de verrouiller le capital et de s'opposer à toute entrée dans la société d'un tiers qui ne leur conviendrait pas. À cet effet, la loi leur laisse quasiment toute latitude dans la rédaction de la clause d'agrément.

- En principe, les cessions consenties à des ascendants ou descendants du cédant sont libres et ne nécessitent pas d'agrément. Mais les statuts peuvent en décider autrement.

- À l'inverse, sont soumises à l'agrément, sauf dispense expresse stipulée dans les statuts, les cessions entre associés ou au profit du conjoint de l'un d'eux.

154 – ATTEINTE À LA LIQUIDITÉ DES PARTS**.** En soumettant à autorisation la cession et la transmission des parts, l'agrément n'a pas que des avantages. Il porte atteinte à la liquidité des parts et, de ce fait, il peut en déprécier la valeur.

C'est pourquoi la loi oblige les associés qui refuseraient systématiquement de donner leur agrément à racheter eux-mêmes les parts en instance de cession, à un prix éventuellement fixé par expert (voir n° 268).

155 – Juste équilibre à trouver. Dans une SCI constituée entre membres d'une même famille et entre proches, un juste équilibre peut être trouvé en dispensant d'agrément les cessions entre associés, ainsi que celles faites au profit du conjoint, d'un ascendant ou d'un descendant.

- L'exigence ou la dispense d'agrément pour les cessions entre collatéraux (frères et sœurs, oncles et neveux, etc.) est à étudier par les futurs associés, selon leurs affinités et leurs craintes familiales.

- À l'égard des parents éloignés, des non-parents et, éventuellement, des concubins d'associés, la prudence commande de s'en tenir à l'exigence d'un agrément préalable donné par l'ensemble des associés.

Les associés, leurs droits et leurs obligations

Tout associé prend part à la vie sociale, participe au profit et… répond des dettes. Cette responsabilité oblige à quelques précautions, en particulier si l'associé est marié, mineur ou indivisaire.

A. La SCI constituée entre époux

156 – Attention aux donations déguisées. La société civile entre époux est plutôt bien vue par la loi : « *Deux époux, seuls ou avec d'autres personnes, peuvent être associés dans une même société et participer, ensemble ou non, à la gestion sociale* », dit l'article 1832-1 alinéa 1er du Code civil. Cette possibilité est admise même si les époux n'emploient que des biens de la communauté pour les apports. La loi n'y voit donc aucune fraude au régime matrimonial.

En revanche, le législateur a toujours été sourcilleux sur l'utilisation de la SCI pour consentir des libéralités occultes.

> **Exemple.** Deux époux séparés de biens constituent entre eux une SCI, à parts égales par acte sous seing privé. La société achète un bien au moyen de fonds intégralement versés par le mari. La femme est donc titulaire de la moitié des parts sans contrepartie. Elle a bénéficié d'une donation déguisée (exemple tiré d'un arrêt de la Cour de cassation en date du 17 mars 1987).

157 – Rédiger les statuts par acte notarié. Pour faire échec à ce type de pratiques, l'alinéa 2 de l'article 1832-1 pose le principe suivant : « *Les avantages et libéralités résultant d'un contrat de société entre époux ne peuvent être annulés parce qu'ils constitueraient des donations déguisées, lorsque les conditions en ont été réglées par un acte authentique.* »

- Cela veut dire que si les statuts ont été établis par acte sous seing privé, la société entachée de donation déguisée encourt la nullité et le donateur est rétabli dans ses droits. L'action devant les tribunaux peut être engagée par le donateur lui-même, ses créanciers, ses héritiers après son décès…

- Si, au contraire, les statuts ont été rédigés devant notaire, la société ne peut pas être annulée. Mais la donation, reconnue officiellement, est soumise aux règles générales des libéralités : rapport à la succession et réduction en cas de dépassement de la quotité disponible.

À NOTER

158 – On conseillera donc aux conjoints constituant une SCI entre eux, seuls ou avec d'autres personnes, de faire établir les statuts par acte notarié.

B. La SCI avec un associé sans son conjoint

159 – Associé séparé de biens. Il peut apporter sans restriction ses biens personnels. À l'inverse, il ne peut pas disposer des biens personnels de son conjoint. Si les époux en régime séparatiste ont acquis ensemble un bien, celui-ci leur appartient en indivision. Un époux peut apporter sa part indivise, sous réserve des droits de l'autre indivisaire (voir n° 165).

160 – Associé commun en biens. Il peut apporter librement ses biens propres (immeubles ou sommes d'argent), c'est-à-dire ceux ne faisant pas partie de la communauté. Les statuts doivent préciser la provenance de ces apports et justifier de leur caractère propre : acquisition avant le mariage, donation ou héritage pendant le mariage.

En revanche, « *un époux ne peut employer des biens communs pour faire un apport à une société sans que son conjoint en ait été averti et sans qu'il en soit justifié dans l'acte* », prévoit l'article 1832-2 du Code civil en apportant les précisions suivantes :

- « *La qualité d'associé est reconnue à celui des époux qui fait l'apport ou réalise l'acquisition.* »

- « *La qualité d'associé est également reconnue, pour la moitié des parts souscrites ou acquises, au conjoint qui a notifié à la société son intention d'être personnellement associé.* » Dès qu'il est informé du projet de société constituée avec des biens communs, le conjoint peut donc demander à être considéré lui aussi comme associé.

- L'époux qui est resté à l'écart de la société au moment de sa création peut demander à y entrer ultérieurement, pendant toute la durée de la société. Il le fait par lettre recommandée adressée à la société ou par acte d'huissier. Mais son entrée est alors soumise à l'accord des autres associés : « *Les clauses d'agrément prévues à cet effet par les statuts sont opposables au conjoint* », dit l'article 1832-2 du Code civil, en ajoutant que « *l'époux associé ne participe pas au vote et ses parts ne sont pas prises en compte pour le calcul du quorum et de la majorité* ».

---

161 – Cas pratique
Le sort des parts sociales en cas de divorce

Trois situations peuvent se présenter :

- Les parts ont été reçues en échange d'apport de biens propres à un époux. Celui-ci conserve ses parts sans rien devoir à l'autre.
- Les époux sont tous les deux associés et les apports ont été faits au moyen de biens communs. Chacun conserve la moitié des parts. Ce partage est constaté dans l'état liquidatif de communauté établi après divorce.
- Un seul époux est associé, bien que les apports aient été des biens communs. Il conserve la totalité des parts mais doit la moitié de leur valeur à son ex-conjoint.

C. La SCI entre parents et enfants

162 – Associé mineur. S'il est émancipé, le mineur de plus de 16 ans dispose d'une capacité civile identique à celle d'un majeur. Il peut donc entrer dans une société civile sans autorisation et faire des apports de biens lui appartenant. Quant à la présence parmi les associés d'un enfant mineur non émancipé, elle n'est pas interdite. Mais elle est encadrée par la loi du fait de l'obligation au passif qu'elle fait peser sur lui.

- Le mineur ne peut être associé qu'avec l'accord de ses deux parents. La volonté d'un seul n'est pas suffisante. De plus, dans les cinq premières années de sa majorité, l'enfant pourra attaquer la gestion de ses parents si elle lui a été préjudiciable. Son action en justice ne remet pas en cause l'existence de la société, mais elle lui permettra d'obtenir de ses parents réparation du dommage subi.

* Pour éviter de telles conséquences, il est recommandé aux parents de demander l'autorisation du juge des tutelles avant de faire entrer un enfant mineur dans une société civile. Cette autorisation est d'ailleurs exigée si l'enfant n'a plus qu'un seul de ses parents.

---

163 – Cas pratique
Un mineur à responsabilité limitée

Dans les statuts, il est possible de limiter la responsabilité des associés frappés d'incapacité (mineurs et majeurs sous tutelle) par une clause particulière de minorité. En général, une telle clause prévoit que « *les associés mineurs ou majeurs sous tutelle ne sont tenus du passif social qu'à concurrence de la valeur nominale de leurs droits sociaux* » (apports). Mais les autres associés doivent, en conséquence, s'engager à supporter solidairement entre eux, proportionnellement à leur part dans le capital, l'excédent éventuel de dette dont les associés « incapables » sont exonérés. Cette clause limitative de responsabilité peut être limitée aux parts reçues lors de la création de la société par le mineur ou le majeur en incapacité. Elle peut être écartée, en revanche, pour les parts sociales que ceux-ci recevraient par donation au cours de la vie de la société.

Même si l'enfant a ses père et mère, l'intervention du juge des tutelles est nécessaire lorsque le mineur apporte à la société un bien immobilier lui appartenant ou lorsque la société emprunte (article 389-5 du Code civil). Il revient au juge de vérifier que l'opération n'est pas faite au détriment de l'enfant. Pour éclairer sa décision, le magistrat nomme un expert et se prononce au vu de son rapport. Il faut donc s'attendre à une procédure relativement longue et coûteuse.

164 – SOCIÉTÉ ENTRE SUCCESSIBLES. « *Il n'est pas dû de rapport pour les associations faites sans fraude entre le défunt et l'un de ses héritiers, lorsque les conditions ont été réglées par acte authentique* », dit l'article 854 du Code civil. Aussi est-il recommandé d'établir devant notaire les statuts des sociétés civiles constituées entre parents et enfants, ou entre un père et l'un de ses fils, par exemple.

Ainsi, au décès de son père, le fils n'aura pas à craindre, de ses frères et sœurs, une demande de rapport à la succession dans le cas où la société lui aurait procuré un avantage. Cette sécurité n'existe pas, et le rapport pourrait être demandé, si les statuts ont été rédigés par acte sous seing privé.

D. LA SCI ENTRE INDIVISAIRES

165 – QUITTER L'INDIVISION. Les propriétaires indivis d'un bien immobilier peuvent souhaiter quitter le régime de l'indivision pour passer sous celui de la société civile. Cette évolution est même recommandée dans une perspective de conservation du bien sur une longue période, la gestion s'en trouvant simplifiée.

L'hypothèse se rencontre aussi bien chez des frères et sœurs ayant hérité d'une propriété de leurs parents que chez des conjoints séparés de biens, des concubins ou des partenaires pacsés ayant acquis un immeuble ensemble. Reste à savoir si tous les indivisaires seront d'accord pour créer la SCI.

166 – APPORT DE L'INTÉGRALITÉ DU BIEN. En cas d'accord unanime des coïndivisaires, le bien entier est apporté par l'indivision à la SCI. Chaque indivisaire devient associé et reçoit, en échange de ses droits dans l'indivision, un nombre de parts équivalant à ses droits indivis. L'opération, assimilée à une forme de partage, met fin à l'indivision.

Cette solution semble préférable à une autre qui consisterait à attribuer à l'indivision l'ensemble des parts sociales correspondant à l'apport du bien à la SCI. Dans ce cas, en effet, une nouvelle indivision serait créée, portant non plus sur l'immeuble mais sur des parts de société. Des complications bien inutiles…

167 – APPORT PARTIEL DU BIEN. Si tous les indivisaires ne sont pas d'accord, une SCI peut être créée uniquement entre ceux qui acceptent d'apporter leurs droits indivis à la société. Résultat : celle-ci deviendra membre de l'indivision, dont la gestion ne sera simplifiée en rien. À éviter.

---

168 – Cas pratique
Les problèmes d'indivision liés au PACS

Les biens acquis par les partenaires liés par un pacte civil de solidarité étaient, à l'origine, présumés indivis entre eux s'il n'en avait pas été disposé autrement dans l'acte d'acquisition. Aussi, lorsque l'un des partenaires souhaitait apporter un bien à une société civile, certaines dispositions devaient être prises. S'il apportait un bien personnel et entendait avoir seul la qualité d'associé, il devait justifier dans les statuts du caractère non indivis du bien. Les parts sociales lui appartenaient personnellement. Si, au contraire, il apportait un bien indivis, il lui fallait l'accord de son partenaire. Que ce dernier ait souhaité ou non devenir associé, les parts sociales appartenaient en indivision aux deux pacsés. Il a été mis fin à cette situation, très critiquée, par la loi du 23 juin 2006 réformant les successions, applicable depuis le 1er janvier 2007. Désormais, il n'y a plus de présomption d'indivision. Les parts sociales sont attribuées à l'apporteur du bien. Elles ne sont réparties entre les deux pacsés que dans le cas où le bien a été acquis par eux-mêmes en indivision, le titre de propriété (c'est-à-dire l'acte notarié d'acquisition) faisant foi.

---

169 – Selon la jurisprudence, l'apport à une SCI d'un bien indivis, dans son intégralité ou en partie seulement, ne déclenche pas l'application du droit de préemption prévu en faveur des coïndivisaires par l'article 815-14 du Code civil.

E. LES DROITS DES ASSOCIÉS DANS LA SOCIÉTÉ

170 – DROIT D'INFORMATION. On l'a déjà dit : il n'existe pas d'associé dormant dans une SCI. Tous étant tenus aux pertes, la loi leur réserve certaines prérogatives d'information et de décision dont les statuts ne peuvent pas les priver. En revanche, la participation aux bénéfices n'est pas, elle, un droit absolu.

- « *Les associés ont le droit d'obtenir, au moins une fois par an, communication des livres et des documents sociaux, et de poser par écrit des questions sur la gestion sociale auxquelles il devra être répondu par écrit dans le délai d'un mois* », dit l'article 1855 du Code civil.

- L'article 1856 ajoute : « *Les gérants doivent, au moins une fois dans l'année, rendre compte de leur gestion aux associés. Cette reddition de compte doit comporter un rapport écrit d'ensemble sur l'activité de la société au cours de l'année ou de l'exercice écoulé comportant l'indication des bénéfices réalisés ou prévisibles et des pertes encourues ou prévues.* »

171 – POUVOIR DE DÉCISION. Avec leurs parts sociales, les associés disposent d'un droit de vote qu'ils exercent en assemblée générale (voir n°ˢ 249 à 257). Les statuts peuvent aussi leur offrir d'autres façons d'exprimer leur volonté. Ils ne doivent pas s'en priver.

- Aux termes des articles 1852 et 1853 du Code civil, les décisions qui excèdent les pouvoirs reconnus au gérant sont prises par les associés réunis en assemblée.

- Hors assemblées générales, les statuts peuvent aussi prévoir que les décisions des associés résulteront d'une consultation écrite (article 1853) ou du consentement de tous les associés exprimé dans un acte (article 1854). Cet acte peut être établi sous seing privé ou devant notaire.

172 – Participation aux bénéfices. Les associés ont droit à une part des bénéfices, conformément à la répartition prévue dans les statuts. Dans le silence des statuts, leurs parts sont proportionnelles à celles possédées dans le capital social.

- Les statuts peuvent donc, en toute légalité, avantager certains associés dans la distribution des bénéfices, même si leur contribution aux pertes n'est pas augmentée dans la même proportion.

- L'inégalité de répartition trouve toutefois ses limites. Sont, en effet, réputées non écrites les clauses attribuant à un associé la totalité des profits, comme celles excluant un associé de toute participation aux profits (article 1844-1 alinéa 2 du Code civil).

F. L'étendue de la responsabilité des associés

173 – Obligation de passif. En contrepartie de leurs droits, énoncés ci-dessus, les associés sont tenus, à l'égard des tiers, de faire face aux dettes de la société, indéfiniment et proportionnellement à leur part dans le capital (article 1857 du Code civil). Il s'agit d'une obligation légale que les statuts ne peuvent pas aménager. Mais la loi en précise la portée :

- La part de chaque associé prise en compte pour la répartition du passif est celle « *à la date d'exigibilité* » des dettes « *ou au jour de la cessation de paiements* » (article 1857).

- « *L'associé qui n'a apporté que son industrie est tenu comme celui dont la participation dans le capital social est la plus faible* » (article 1857 alinéa 2).

- « *Les créanciers ne peuvent poursuivre le paiement des dettes sociales contre un associé qu'après avoir préalablement et vainement poursuivi la personne morale* », c'est-à-dire la société (article 1858).

174 – RÉPARTITION DES PERTES ENTRE ASSOCIÉS. La répartition légale des dettes en proportion de la part dans le capital s'impose seulement dans les rapports entretenus par la société avec les tiers. C'est donc la répartition légale de l'article 1857 qu'appliqueront les créanciers, sauf convention contraire prise avec eux au moment de la conclusion des contrats.

Dans les rapports entre associés, une répartition différente est permise par l'article 1844-1 du Code civil. Toutefois, parallèlement à ce qui est prévu pour les bénéfices, serait réputée non écrite la clause des statuts exonérant un associé de la totalité des pertes ou mettant à sa charge la totalité des pertes.

> ➢ **Exemple.** Une SCI est liquidée avec 300 000 euros de pertes à combler. Les associés, au nombre de trois, détiennent un tiers des parts chacun. Les créanciers réclament donc 100 000 euros à chacun. Mais une clause des statuts fait supporter la moitié du passif à l'un des associés, nommément désigné. Celui-ci doit donc s'acquitter de 150 000 euros, répartis ainsi : 100 000 euros aux créanciers et 25 000 euros à chacun de ses coassociés.

La gérance, ses pouvoirs
et sa responsabilité

La gérance est l'unique organe de direction de la société. Dotée de larges pouvoirs, elle doit rendre compte de sa gestion et engage sa responsabilité. Tout gérant peut être révoqué, plus ou moins facilement.

A. LE CHOIX DU GÉRANT

175 – QUI PEUT ÊTRE GÉRANT ? « *La société est gérée par une ou plusieurs personnes, associées ou non, nommées soit par les statuts, soit par un acte distinct, soit par une décision des associés* », pose comme principe l'article 1846 du Code civil. La plus grande latitude est donc laissée aux associés. Seule restriction : un gérant doit disposer de la capacité juridique.

- Ainsi, un mineur non émancipé ou un majeur frappé d'incapacité ne peuvent exercer cette fonction. Par ailleurs, certaines professions réglementées sont incompatibles avec l'exercice des fonctions de gérant de société civile : notaire, avocat, expert-comptable, fonctionnaire. Mais il existe des exceptions, notamment pour une SCI de gestion patrimoniale à caractère non spéculatif.

- Parmi les autres caractéristiques, signalons que la nationalité française n'est pas exigée pour être gérant d'une SCI. Le gérant peut être rémunéré ou non (voir n° 181). Il n'y a pas de limite d'âge légale, mais les statuts peuvent prévoir un âge minimal et maximal pour pouvoir être désigné aux fonctions de gérant.

176 – Gérant non associé. Le gérant peut ne pas être associé. Il est toutefois rare qu'une telle option soit retenue dans les SCI à caractère familial ou amical. La pratique est plus courante lorsqu'un groupe d'investisseurs demande à une banque ou un cabinet de gestion patrimoniale de créer pour lui une SCI afin d'acquérir un immeuble. Il confie alors tout naturellement à cet intermédiaire la gestion de la société.

177 – Gérant personne morale. Le gérant peut être une personne morale, c'est-à-dire une société. Dans ce cas, la gérance ne peut être confiée à un salarié ordinaire de cette personne morale. C'est obligatoirement son dirigeant légal, identifié dans l'acte de nomination, qui doit exercer la gérance.

La nomination d'une personne morale comme gérant se rencontre fréquemment dans les SCI constituées par les promoteurs pour la réalisation de leurs programmes immobiliers : la gérance est assurée par la société de promotion elle-même, en la personne de son dirigeant.

Cette pratique ne change en rien les obligations du gérant et ne diminue pas ses responsabilités, bien au contraire. En effet, « *si une personne morale exerce la gérance, ses dirigeants sont soumis aux mêmes conditions et obligations et encourent les mêmes responsabilités, civile et pénale, que s'ils étaient gérants en leur nom propre, sans préjudice de la responsabilité solidaire de la personne morale qu'ils dirigent* », dispose l'article 1847 du Code civil.

178 – PLURALITÉ DE GÉRANTS. La gérance peut être confiée à plusieurs personnes. Par exemple, les parents dans une SCI de famille. Cela ne signifie pas que la gestion doit être collégiale et que les tiers doivent contracter systématiquement avec l'ensemble des gérants.

L'article 1849 du Code civil précise, au contraire, qu'en cas de pluralité de gérants, ceux-ci détiennent séparément leurs pouvoirs. « *L'opposition formée par un gérant aux actes d'un autre gérant est sans effet à l'égard des tiers, à moins qu'il ne soit établi qu'ils en ont eu connaissance.* »

B. LA DÉSIGNATION DU GÉRANT

179 – NOMINATION. « *Les statuts fixent les règles de désignation du ou des gérants et le mode d'organisation de la gérance. Sauf disposition contraire des statuts, le gérant est nommé par une décision des associés représentant plus de la moitié des parts sociales* », dit l'article 1846 du Code civil.

- La désignation du gérant est donc une décision appartenant à la collectivité des associés, et non à un seul d'entre eux ou à un petit groupe. De même, serait passible de nullité toute clause prévoyant que le gérant nommé dans les statuts désignera son remplaçant.

- Sauf motivation particulière, on s'en tiendra aux solutions les plus simples posées par la loi : le gérant sera élu à la majorité des voix des associés ; si le premier gérant est nommé dans les statuts, ses remplaçants successifs seront élus dans les mêmes conditions de majorité.

180 – DURÉE DU MANDAT. « *Dans le silence des statuts, et s'il n'en a été décidé autrement par les associés lors de la désignation, les gérants sont réputés nommés pour la* *durée de la société* », dit l'article 1846. C'est la solution la plus simple, qui ne rend toutefois pas le gérant inamovible puisqu'il peut toujours être révoqué (voir n° 190).

Si les statuts entendent fixer une durée au mandat du gérant, celle-ci doit être suffisamment précise pour ne pas générer de litiges ultérieurs. Mieux encore, on peut prévoir que le mandat expirera à l'issue de l'assemblée générale statuant sur les comptes d'un exercice déterminé. Avec, éventuellement, faculté de reconduire le gérant sortant dans ses fonctions…

L'article 1846 prévoit également ce qu'il faut faire en cas d'absence de gérant et d'inaction des autres associés : « *Si, pour quelque cause que ce soit, la société se trouve dépourvue de gérant, tout associé peut demander au président du tribunal statuant sur requête la désignation d'un mandataire chargé de réunir les associés en vue de nommer un ou plusieurs gérants.* »

---

181 – Cas pratique
Le statut fiscal et social du gérant

Dans les SCI familiales courantes, le gérant est un associé exerçant ses fonctions en qualité de bénévole. Il perçoit simplement sa part des bénéfices, imposée dans le cadre de ses revenus fonciers ou comme dividendes si la société a opté pour l'IS. Rémunérer le gérant associé est déconseillé lorsque la SCI relève du régime des revenus fonciers. Dans ce cas, en effet, la rémunération du gérant ne constitue pas une charge déductible des revenus fonciers. Elle est donc prélevée sur le bénéfice revenant aux associés et imposée entre leurs mains, avant de l'être entre celles du gérant. En revanche, si le gérant n'est pas associé, sa rémunération est une charge déductible des revenus de la société. Sur les plans fiscal et social, tout dépend alors de son statut personnel : salarié, professionnel libéral, etc.

C. LES POUVOIRS DU GÉRANT

182 – ÉTENDUE DES POUVOIRS. « *Dans les rapports avec les tiers, le gérant engage la société par les actes entrant dans l'objet social* », précise l'article 1849 du Code civil. La principale limite aux pouvoirs du gérant réside donc dans l'objet social.

À titre d'exemple, si l'objet de la société porte exclusivement sur l'acquisition et la gestion d'un immeuble, la loi ne donne pas au gérant le pouvoir de vendre le bien.

En l'absence de clause spécifique des statuts étendant ses pouvoirs à la vente, le gérant qui souhaite vendre devra donc solliciter préalablement l'accord des associés.

Si l'on s'en tient à l'objet habituel des SCI, à savoir l'acquisition et l'administration de biens immobiliers, les pouvoirs du gérant portent concrètement sur les opérations suivantes :

- l'acquisition de biens immobiliers et, pour son financement, l'emprunt assorti de l'affectation hypothécaire du bien en garantie de l'emprunt ;
- la location du bien, l'encaissement des loyers, le paiement des charges, les déclarations fiscales ;
- pour les besoins de l'accomplissement de l'objet social, l'ouverture d'un compte en banque, la tenue d'une comptabilité, la passation des marchés de travaux nécessaires à l'entretien des biens de la société, etc.

183 – Le gérant doit s'attendre à devoir justifier auprès des tiers contractants avec la SCI, outre sa qualité de gérant, qu'il agit bien dans le cadre de ses pouvoirs. Pour cela, le notaire, en cas d'acquisition, ou la banque, en cas d'emprunt, lui demanderont de produire une copie des statuts afin de vérifier que l'objet social lui permet d'acheter et d'emprunter. En cas de doute, ils lui demanderont une délibération spéciale des associés.

184 – RESTRICTIONS STATUTAIRES DES POUVOIRS DU GÉRANT. « *Dans les rapports entre associés, le gérant peut accomplir tous les actes de gestion que demande l'intérêt de la société* », dit l'article 1848 du Code civil, non sans préciser que les statuts peuvent restreindre les pouvoirs du gérant.

Mais ces restrictions n'ont pas d'effet à l'égard des tiers. En conséquence, un acte conforme à l'objet social n'est pas nul mais interdit au gérant par une clause restrictive des statuts. La société est engagée à l'égard du tiers cocontractant, sauf à démontrer sa mauvaise foi. Les associés disposent toutefois d'un recours en responsabilité contre le gérant.

D. LA RESPONSABILITÉ DU GÉRANT

185 - RESPONSABILITÉ SOCIALE. L'article 1850 du Code civil est explicite : « *Chaque gérant est responsable individuellement envers la société et envers les tiers, soit des infractions aux lois et règlements, soit de la violation des statuts, soit des fautes commises dans sa gestion.*

Si plusieurs gérants ont participé aux mêmes faits, leur responsabilité est solidaire à l'égard des tiers et des associés. Toutefois, dans leurs rapports entre eux, le tribunal détermine la part contributive de chacun dans la réparation du dommage. »

186 – RESPONSABILITÉ CIVILE. Toute personne, associée ou tiers à la société, subissant un préjudice à la suite d'une faute commise par le gérant, peut lui demander réparation. L'exemple le plus simple est celui d'un gérant qui ne réviserait pas les loyers des biens loués par la société ou qui, plus grave, négligerait de les recouvrer. La société serait alors fondée à lui réclamer des dommages et intérêts pour le préjudice subi.

187 – Responsabilité pénale. Toujours dans le domaine de la location, encourt personnellement des sanctions pénales le gérant qui se rendrait coupable, par exemple, du délit de discrimination dans le choix d'un locataire. Le gérant engage également sa responsabilité pénale en cas d'escroquerie ou d'abus de confiance, tant à l'égard des tiers qu'envers les associés.

188 – Responsabilité fiscale. L'article 267 du Livre des procédures fiscales prévoit que le gérant ayant intentionnellement empêché le recouvrement de l'impôt dû par la SCI peut être tenu personnellement au paiement de cet impôt.

---

189 – Cas pratique
N'oubliez pas les formalités !

« *La nomination et la cessation de fonction des gérants doivent être publiées* », précise l'article 1846-2 du Code civil. Lorsque le gérant est nommé dans les statuts, la publicité de la nomination est commune à celle des statuts. En cas de nomination distincte et de révocation, la publicité comprend : une insertion dans un journal d'annonces légales, le dépôt au greffe du tribunal de commerce des actes constatant la nomination ou la cessation des fonctions, l'inscription modificative au registre du commerce et des sociétés, ainsi qu'une insertion au BODACC à l'initiative du greffier.

Ces formalités ont le pouvoir d'effacer certaines erreurs. En effet, « *ni la société, ni les tiers ne peuvent, pour se soustraire à leurs engagements, se prévaloir d'une irrégularité dans la nomination des gérants ou dans la cessation de leur fonction, dès lors que ces décisions ont été régulièrement publiées* », conclut l'article 1846-2.

E. La révocation du gérant

190 – Procédure. Même nommé dans les statuts et sans limites de durée, le gérant n'est pas inamovible. L'article 1851 du Code civil dit, en effet, que, « *sauf disposition contraire des statuts, le gérant est révocable par une décision des associés représentant plus de la moitié des parts sociales* ».

- Pour le cas où les statuts auraient prévu une majorité plus sévère, voire l'unanimité, rendant la révocation quasi impossible par le vote, l'article 1851 ajoute « *le gérant est également révocable par les tribunaux pour cause légitime, à la demande de tout associé* ».

- Les tribunaux ont donc à vérifier le caractère légitime de la demande de révocation. Et si celle-ci « *est décidée sans juste motif, elle peut donner lieu à dommages-intérêts* », conclut l'article 1851.

191 – Conséquences pour la société. « *Sauf clause contraire,* poursuit l'article 1851, *la révocation d'un gérant, qu'il soit associé ou non, n'entraîne pas la dissolution de la société. Si le gérant révoqué est un associé, il peut, à moins qu'il n'en soit autrement convenu dans les statuts, ou que les autres associés ne décident la dissolution anticipée de la société, se retirer de celle-ci dans les conditions prévues à l'article 1869 alinéa 2.* » (voir n° 301.)

Partie 4

La gestion de la SCI

Votre SCI est créée ? Bravo ! À présent, il va falloir l'administrer… La tâche n'est pas insurmontable, mais il est essentiel de l'accomplir régulièrement. En effet, la tenue des assemblées générales, d'une comptabilité, même succincte, et des registres de la société est une condition nécessaire à sa validité. Savez-vous que l'administration fiscale pourrait annuler une donation de parts ou d'usufruit de parts au motif que, les assemblées n'ayant pas été tenues, la société n'a pas d'existence réelle ? En plus d'administrer la société, il convient aussi de la faire vivre en réalisant l'objet social : acheter un bien immobilier, l'exploiter, partager les bénéfices et, bien sûr, s'acquitter des obligations fiscales. Car chacun sait qu'en France tout finit toujours par des impôts !

La réalisation de l'objet social

Vous avez créé votre société pour investir dans l'immobilier. Alors suivez les grandes règles qui vous permettront de réussir vos investissements, tout en tenant compte des conditions particulières liées à la SCI.

A. COMMENT INVESTIR DANS L'IMMOBILIER LOCATIF ?

192 – QUESTION DE MÉTHODE. La SCI est une coquille juridique dont la valeur dépendra, avant tout, du patrimoine que les associés y feront entrer. Le fait de se regrouper à plusieurs permet d'investir plus, soit en apportant davantage de capitaux, soit en empruntant des montants plus élevés en offrant une meilleure surface financière en garantie à la banque.

Mais pour le choix des biens et des locataires, la société n'est d'aucun secours. Le vrai gage de réussite, c'est le savoir-faire des associés et du gérant. Pour les investisseurs sans expérience ou peu expérimentés, nous rappelons ci-après la méthode à suivre pour éviter de commettre des erreurs majeures.

« Acheter pour louer », a-t-on coutume de dire. En réalité, la bonne démarche consiste à renverser les préoccupations : penser d'abord à la location avant d'acheter.

Il ne faut jamais oublier que, sans locataire pour payer les loyers, l'investissement se révélera catastrophique.

- L'investissement doit donc se faire dans un secteur où il existe une demande locative forte et solvable : un bassin d'emploi dynamique, drainant une population jeune et active. On affine ensuite la localisation à l'intérieur du secteur : une ville attrayante, un quartier apprécié... C'est là que l'on va pouvoir prospecter.

- Dans le périmètre ainsi déterminé, vient alors le moment de faire sa propre étude de marché : quels sont les loyers habituellement pratiqués ? À quel niveau se situent les prix, dans l'ancien et dans le neuf ? Ces deux éléments permettent de déterminer le rendement brut de l'investissement par une simple règle de trois : (loyer annuel/prix d'achat) × 100.

  - ➤ **Exemple.** Un appartement de trois pièces pouvant se louer 750 euros par mois, soit 9 000 euros par an, est proposé à la vente au prix de 180 000 euros. Le rendement locatif brut serait de : (9 000/180 000) × 100 = 5 %.

193 – Rendement minimal indispensable. Compte tenu des frais que supporte l'immobilier par rapport aux placements financiers – frais d'acquisition, d'entretien, de réparation, etc. – et de la fiscalité, un peu plus lourde sur les loyers de la pierre que sur ceux de l'argent, un investissement locatif doit rapporter sensiblement plus que les 3 ou 3,5 % servis par un contrat d'assurance-vie en euros.

- Dans l'ancien, le rendement brut minimal à rechercher doit être au moins de 6 % pour un logement situé dans un immeuble correct et dans un bon quartier. On peut descendre à 5 % pour un très beau produit dans un emplacement de premier ordre. Mais plus on s'éloigne des secteurs cotés et plus l'immeuble est de construction modeste, plus le rendement doit être élevé : de 8 à 10 %, voire au-delà pour un logement ordinaire en périphérie.

- Dans le neuf, plus cher à l'achat mais occasionnant moins de travaux, le rendement brut peut se situer autour de 5 %. Pour un bien de qualité dans un bon emplacement, on peut descendre à 4,5 %. Surtout si le rendement brut est amélioré par un avantage fiscal (voir ci-après).

ATTENTION ! **194** – L'investisseur doit veiller à ce que le taux de rendement soit toujours supérieur au taux de l'emprunt qu'il contracte pour financer son acquisition. Sinon, le loyer ne sert qu'à payer les charges et non à financer, au moins en partie, le prix du bien. En l'absence de tout autofinancement, un investissement immobilier ne se justifie pas.

195 – À LA RECHERCHE D'AVANTAGES FISCAUX. Une promesse d'économie d'impôt n'est jamais suffisante, à elle seule, pour justifier un investissement locatif. C'est seulement un « plus ». Par ailleurs, dans le cadre de la constitution d'un patrimoine locatif destiné à procurer des revenus complémentaires en vue de la retraite, on se cantonnera aux dispositifs classiques prévus pour les logements, neufs ou anciens.

- Dans l'ancien, la réalisation de travaux avant la mise en location du logement est l'occasion de générer des déficits fonciers et, par conséquent, une économie d'impôt. Si le bien est situé dans un secteur historique éligible à la loi Malraux, l'investissement donne droit à une réduction d'impôt.

- Dans le neuf, à condition de ne pas surpayer le bien et d'être intraitable sur le rendement, on peut s'intéresser à la réduction d'impôt Pinel, en vigueur depuis le 1er septembre 2014.

196 – Particularités d'un achat en SCI. Le gérant peut agir sans mandat spécial si l'acquisition figure dans l'objet social (voir n° 126). Les frais d'acquisition sont identiques à ceux d'un achat par un particulier. Dans les deux cas, aux honoraires du notaire et aux débours divers (coût des certificats et diagnostics techniques, documents d'urbanisme, pièces hypothécaires, etc.) s'ajoute la TVA si le bien est neuf ou les droits d'enregistrement pour un bien ancien.

Les droits d'enregistrement, au taux de 5 %, incluent une part départementale de 4,3 %, une part communale de 1,2 %, et un droit supplémentaire de 0,2 % depuis la suppression du droit de timbre à partir de 2006. Il faut y ajouter 0,10 % au titre du « *prélèvement pour frais d'assiette* » de 2,5 % calculé sur la part départementale. Soit une taxe totale de 5,80 %.

---

197 – Cas pratique
Bureaux et locaux commerciaux : pensez SCPI

Il n'y a pas que le logement pour réaliser un investissement locatif. Il existe aussi les commerces et les bureaux. Les murs de magasins, plutôt rares et chers, méritent néanmoins qu'on s'y intéresse pour leur rendement. Les mises de fonds élevées qu'ils nécessitent justifient le regroupement à plusieurs investisseurs dans une SCI. Attention toutefois à la gestion, la législation sur le bail commercial étant d'une complexité redoutable. Quant aux bureaux, les utilisateurs recherchent de plus en plus souvent des surfaces importantes et très bien équipées. Compte tenu des montants à investir et des spécificités du marché, c'est un domaine qui échappe presque totalement aux particuliers, sauf avec les SCPI de rendement, investies en bureaux et en murs de magasins (pour plus d'informations, consultez le site Internet www.pierrepapier.fr).

---

198 – Le gérant ou un associé pourrait être tenté d'arrêter une affaire en signant une promesse ou un compromis de vente à son nom, puis de substituer la SCI comme acquéreur final au moment de la signature chez le notaire. L'opération est possible en cas de promesse de vente, à condition que la substitution au profit de la SCI soit gratuite. En revanche, le recours à un compromis de vente est à éviter car la substitution, même gratuite, pourrait être considérée comme une revente. L'administration fiscale exigerait alors deux fois les droits d'enregistrement.

B. FINANCER L'INVESTISSEMENT À CRÉDIT

199 – EFFET DE LEVIER. Le grand atout de l'immobilier, par rapport aux autres placements, est de pouvoir être financé à crédit. Avec un taux d'emprunt modéré et un bon rendement locatif, l'investissement s'autofinance largement. C'est ce qu'on appelle l'« effet de levier ». C'est le meilleur moyen de se constituer un patrimoine à bon compte. Dès lors que le taux de rendement du bien est supérieur au taux de crédit, il ne faut pas hésiter à emprunter le plus possible, la limite étant fixée par les garanties à offrir au prêteur.

200 – QUEL TAUX CHOISIR ? Les établissements financiers proposent des prêts à taux fixe et des prêts à taux variable. Le taux variable, ou révisable, est indexé sur un indice économique ou monétaire. Si le taux monte, soit la mensualité augmente, soit la durée du prêt s'allonge, selon les contrats. Le taux fixe est un peu plus élevé que le taux de départ d'un crédit révisable, mais il offre une sécurité appréciable : la mensualité sera constante jusqu'à la fin du prêt.

201 – PRÊT AMORTISSABLE OU *IN FINE* ? Le second choix porte sur la nature du prêt : amortissable ou *in fine*. Dans un crédit amortissable, la mensualité est composée d'intérêts et d'une fraction de remboursement du capital. Au fil du temps, la part d'intérêts dans la mensualité diminue, alors que celle consacrée au remboursement du capital augmente.

Dans un prêt *in fine*, la mensualité est seulement composée d'intérêts. Le capital est remboursé en une seule fois, à la fin du crédit. Pour disposer des sommes nécessaires au remboursement du prêt lorsqu'il viendra à échéance, l'emprunteur doit épargner sur un « produit d'adossement » : un contrat d'assurance-vie, en général.

Le crédit *in fine* peut présenter un intérêt fiscal. Plus coûteux qu'un prêt amortissable, il peut mettre en difficulté l'emprunteur si la performance du contrat d'assurance-vie est inférieure à celle escomptée : le capital à rembourser ne sera pas intégralement reconstitué. Une étude préalable, assortie d'une simulation financière, est indispensable. Le banquier est en mesure de la proposer.

202 – PARTICULARITÉS DE L'EMPRUNT PAR UNE SCI. En présence d'un mineur parmi les associés, l'emprunt doit être autorisé par le juge des tutelles (voir n° 162). Par ailleurs, si le gérant n'est pas autorisé par les statuts à emprunter sans l'accord des associés, il devra solliciter une décision spéciale prise en assemblée ou par consultation écrite. Il n'est pas nécessaire que cette habilitation à emprunter et à consentir une hypothèque soit donnée par acte authentique. Un acte sous seing privé suffit, précise l'article 1844-2 du Code civil.

Côté garanties, les banques se montrent souvent plus exigeantes à l'égard des SCI. En plus d'une hypothèque sur le bien immobilier et d'un nantissement du contrat d'assurance-vie en cas de crédit *in fine*, elles peuvent exiger la caution solidaire d'un ou de plusieurs associés. Une sûreté redoutable !

En cas de défaillance de la SCI, le créancier est fondé à demander le remboursement du prêt directement à la caution et pour la totalité, c'est-à-dire sans avoir à poursuivre d'abord la SCI ni devoir diviser ses poursuites contre les différents associés. Il lui sera tellement plus aisé de saisir les avoirs en banque d'un associé que d'engager une procédure de saisie immobilière sur le bien de la SCI !

À NOTER — **203** – Les sociétés civiles n'ont pas accès à l'épargne-logement, sauf les SCI d'attribution (voir n° 010). Elles n'ont pas droit non plus aux prêts sociaux ni au prêt à taux zéro.

C. LA LOCATION DES BIENS ET LA FISCALITÉ DES LOYERS

204 – **BAIL D'HABITATION NON MEUBLÉE.** On a vu que l'objet de la société civile obligeait celle-ci à louer ses locaux non meublés (voir n° 007). La réglementation applicable à la location de logements nus est la loi du 6 juillet 1989. Elle ne fait pas de différence entre un propriétaire personne physique et une société, à deux exceptions près : le congé « reprise pour habiter » (voir n° 207) et la durée du bail. Celle-ci est de trois ans minimum lorsque le bailleur est une personne physique et de six ans minimum lorsqu'il s'agit d'une personne morale.

- Toutefois, la durée de trois ans est également applicable aux sociétés civiles immobilières familiales qui sont constituées entre parents ou alliés jusqu'au 4e degré, c'est-à-dire au maximum entre cousins germains. C'est au propriétaire de prouver qu'il a respecté cette règle en cas de contestation du locataire.

* Pour une SCI constituée entre parents éloignés ou entre non-parents, on revient à la règle de base : c'est la durée minimale de six ans qui s'applique. Il suffit que l'un des membres de la société soit un parent au-delà du 4e degré (un cousin issu de germain, par exemple), un ami ou un concubin même pacsé, pour que la durée du bail passe obligatoirement à six ans.

205 – La loi ALUR (accès au logement et urbanisme rénové) du 24 mars 2014 et ses décrets d'application ont instauré un modèle de contrat de location obligatoire et un encadrement des loyers applicable, pour l'instant à la seule ville de Paris. Ces dispositions doivent, naturellement, être respectées par la SCI.

206 – CALCUL DU REVENU IMPOSABLE. Sauf option pour l'impôt sur les sociétés (voir n° 051), les loyers perçus par la SCI relèvent du régime fiscal des revenus fonciers. Des loyers encaissés, sont déductibles les charges suivantes :

* La déduction forfaitaire au taux de 30 % en cas d'option pour la réduction d'impôt Scellier « social » (acquisition antérieure au 31 décembre 2012). Les autres déductions forfaitaires ont, pour la plupart, été supprimées depuis 2006.

* Les frais réels de gérance, c'est-à-dire la rémunération versée à un administrateur de biens lorsque la gestion du logement lui est déléguée par mandat. En revanche, une éventuelle rémunération versée à un associé, même s'il est le gérant, n'est pas déductible.

* Les primes d'assurances loyers impayés et l'assurance de l'immeuble.

* Le coût des travaux de réparation et d'amélioration, mais non celui des travaux d'agrandissement,

considéré comme une dépense en capital et non comme une charge.

- La taxe foncière.

- Un montant forfaitaire de 20 euros par an et par logement.

- Les intérêts des emprunts contractés pour financer l'acquisition, la construction ou les travaux de toute nature.

**207 – Cas pratique
Une SCI peut-elle donner congé
pour habiter le logement ?**

La loi du 6 juillet 1989 n'autorise le bailleur à donner congé qu'en fin de bail et pour l'une des trois raisons suivantes : vendre le bien, le reprendre pour l'habiter lui-même ou pour un motif légitime et sérieux. En principe, le congé « reprise pour habiter » est réservé aux bailleurs personnes physiques. Toutefois, il peut être invoqué par une SCI familiale constituée entre parents et alliés jusqu'au 4e degré.
Le congé, délivré par la société, doit profiter personnellement à l'un des associés, et non à l'un de ses proches. Cette exception a été confirmée par arrêt de la Cour de cassation, rendu par la 3e chambre civile le 19 janvier 2005 sous le n° 03-15922.

---

208 – RÉPARTITION DU RÉSULTAT ENTRE LES ASSOCIÉS. Si les loyers sont supérieurs aux charges, la société dégage un bénéfice. Dans le cas contraire, l'exercice se solde par un déficit. Bénéficiaire ou déficitaire, le résultat est réparti entre les associés en proportion de leurs droits (voir n° 172).

- En cas de distribution de bénéfices, l'associé les ajoute à son revenu imposable ou les compense avec des déficits fonciers provenant d'autres biens locatifs qu'il possède. Si son revenu foncier net ne dépasse pas 15 000 euros et ne provient pas de logements bénéficiant d'un avantage fiscal de type Pinel, par exemple, c'est le régime microfoncier qui s'applique. Le contribuable n'a alors pas de déclaration spéciale 2044 à remplir. Il porte directement sur sa déclaration d'ensemble (formulaire 2042) le montant du revenu foncier. Celui-ci s'ajoutera à ses autres revenus, après un abattement forfaitaire de 30 % calculé automatiquement par l'Administration.

* En cas de distribution de déficits, l'associé les compense avec des bénéfices fonciers perçus par ailleurs ou, à défaut, les impute sur son revenu global dans la limite de 10 700 euros par an. Cette diminution du revenu imposable procure une économie d'impôt dont l'importance dépend de la tranche du barème la plus haute atteinte par le contribuable.

D. LA VENTE DES BIENS ET LA TAXATION DES PLUS-VALUES

209 – POUVOIR DE VENDRE. Avant de mettre en vente un bien immobilier appartenant à la SCI, le gérant doit vérifier qu'il en a le pouvoir. C'est le cas s'il y est autorisé sans ambiguïté par les statuts.

Dans le doute, il est préférable de solliciter une décision collective des associés, en assemblée ou par consultation écrite (voir n° 246 à 248).

Pour le reste, la procédure de vente est identique à celle que met en œuvre un particulier. La recherche d'un acquéreur peut être confiée à un agent immobilier. Le vendeur doit fournir à l'acquéreur, au moment de la signature de l'avant-contrat (promesse ou compromis de vente), les diagnostics techniques obligatoires : amiante, plomb, termites, etc. Si la vente porte sur un lot de copropriété, le vendeur doit garantir la surface, conformément à la loi Carrez.

210 – L'autorisation de vendre délivrée par le juge des tutelles est obligatoire si la société compte un mineur parmi ses associés. La SCI peut confier à son notaire le soin d'obtenir les documents nécessaires.

---

211 – Cas pratique
Vendre l'immeuble ou la SCI ?

Plutôt que de vendre le bien immobilier, les associés peuvent proposer aux éventuels acquéreurs d'acheter la totalité des parts de la SCI. Depuis que la vente d'immeuble est taxée comme la cession de parts sociales, le fisc n'y trouve plus rien à redire. Mais est-ce l'intérêt de l'acquéreur ? Non, si la cession de parts est rédigée sans l'intervention d'un notaire et le prive de toutes les garanties auxquelles la vente immobilière lui donne droit : les diagnostics techniques, le certificat hypothécaire, etc. Un acquéreur avisé ne prendra pas le risque d'acheter une SCI, sauf à bien connaître les associés et à s'entourer de multiples garanties.

---

212 – TAXATION DES PLUS-VALUES. En cas de vente d'un immeuble par une SCI n'ayant pas opté pour l'impôt sur les sociétés, la plus-value éventuelle est taxée comme pour les particuliers, avec les mêmes cas d'exonération :

- Par le jeu des abattements pour durée de détention du bien, l'exonération d'impôts sur la plus-value est acquise au bout de vingt-deux ans et l'exonération des prélèvements sociaux au bout de trente ans (voir n° 56).

- Est également exonérée la plus-value réalisée par l'associé qui, au moment de la vente, occupait le bien gratuitement à titre de résidence principale. Autrement dit, si le logement vendu appartient à une SCI constituée uniquement entre les deux époux qui l'habitent, la plus-value est exonérée.

Mais si la SCI compte un associé de plus, qui n'habite pas le logement, la fraction de la plus-value qui revient à cet associé n'est pas exonérée.

213 – Sont également exonérés les biens dont le prix de cession est inférieur ou égal à 15 000 euros. Une faveur dont sont privées les cessions de parts sociales (voir n° 278).

214 – CALCUL DE LA PLUS-VALUE IMPOSABLE. Un nouveau mode de taxation des plus-values immobilières a été instauré depuis le 1er septembre 2013 et validé par la loi de finances pour 2014. Encore plus complexe que le précédent, il prévoit deux séries d'abattement pour durée de détention du bien : l'une pour l'impôt, qui rend la plus-value exonérée au bout de vingt-deux ans ; l'autre pour les prélèvements sociaux, dont la plus-value n'est exonérée qu'au bout de trente ans. La plus-value nette imposable est taxée au taux de 34,5 % (19 % de taxe et 15,5 % de prélèvements sociaux).

• Ce prix de revient est égal au prix d'achat ou d'apport du bien dans la société, majoré des frais d'acquisition pour leur montant réel ou forfaitisés à 7,5 %. Si la vente intervient plus de cinq ans après l'acquisition ou l'apport du bien, est également ajouté le coût des travaux réalisés, soit pour leur montant réel et justifié par des factures, soit pour un forfait de 15 %.

• Le résultat est diminué d'abattements progressifs en fonction de la durée de possession du bien :

  – l'impôt, au taux de 19 %, est calculé après un abattement de 6 % pour chaque année de détention au-delà de la cinquième et jusqu'à la vingt et unième ; de 4 % pour la vingt-deuxième année révolue de détention. L'exonération est donc acquise après vingt-deux ans de détention du bien ;

– les prélèvements sociaux, au taux de 15,5 %, sont calculés après un abattement de 1,65 % pour chaque année de détention au-delà de la cinquième et jusqu'à la vingt et unième ; 1,60 % pour la vingt-deuxième année de détention ; 9 % pour chaque année au-delà de la vingt-deuxième. L'exonération est donc acquise au bout de trente ans seulement.

215 – Une réduction temporaire de 25 % était appliquée pour les ventes intervenues entre le 1er septembre 2013 et le 31 août 2014. Elle n'a pas été reconduite. En revanche, a été maintenue la majoration progressive de 2 à 6 % qui vient pénaliser les plus-values supérieures à 50 000 euros (voir n° 216 ci-après).

216 – PAIEMENT DE L'IMPÔT SUR LA PLUS-VALUE. Ce n'est pas la SCI qui est redevable de l'impôt, mais chaque associé sur la part de plus-value lui revenant (article 150 VF du Code général des impôts). Ainsi, à un associé possédant 25 % du capital, il sera attribué 25 % de la plus-value, sauf si les statuts prévoient d'autres clés de répartition (voir n° 172). Le mode de calcul et le paiement de l'impôt dépendent alors du statut fiscal de l'associé.

- Si l'associé est un particulier relevant de l'impôt sur le revenu, sa part de plus-value est taxée au taux de 34,5 % : 19 % au titre de l'impôt et 15,5 % au titre des prélèvements sociaux. Le montant correspondant est prélevé par le notaire sur le prix de vente et versé par celui-ci à la conservation des hypothèques en même temps que la publication de l'acte.

- Une surtaxe a été instaurée sur les grosses plus-values par la loi de finances rectificative pour 2012. Elle est de 2 % de 50 000 à 100 000 euros de plus-value nette taxable, 3 % de 100 000 à 150 000 euros, 4 % de 150 000 à 200 000 euros, 5 % de 200 000 à 250 000 euros et 6 % au-delà de 250 000 euros.

* Pour les associés relevant d'une autre catégorie fiscale, telle que les bénéfices industriels et commerciaux (BIC) ou l'impôt sur les sociétés (IS), l'impôt de plus-value n'est pas retenu par le notaire. Il revient au contribuable d'inclure la plus-value dans son résultat d'exploitation, afin qu'elle soit taxée selon les modalités propres à sa catégorie fiscale.

217 – Cas pratique
Un impôt encore très élevé au bout de quinze ans !

Le fait d'allonger la durée de détention du bien de 15 à 22 ans pour bénéficier de l'exonération d'impôt sur la plus-value et de 15 à 30 ans pour les prélèvements sociaux a entraîné une hausse importante de la taxation immobilière, comme le montre l'exemple suivant.

Une SCI vend, en décembre 2015, au prix de 320 000 euros, un bien immobilier locatif acquis en novembre 2000, au prix de 150 000 euros. La durée de détention est donc de 15 années révolues. Les parts de la SCI sont détenues par un couple marié. C'est donc leur foyer fiscal qui sera redevable de l'impôt.

- Calcul de la plus-value. Le prix d'achat (150 000 €) est augmenté des frais forfaitaires de 7,5 % (11 250 €) et du forfait travaux de 15 % (22 500 €). Le prix de revient est donc de 183 750 € (150 000 + 11 250 + 22 500). La plus-value brute ressort à 136 250 € (320 000 – 183 750).

- Calcul de l'impôt à 19 %. La plus-value de 136 250 € fait l'objet d'un abattement de 6 % par année de détention au-delà de la 5e, soit 10 ans. L'abattement est donc de 60 %, soit 81 750 €. La plus-value nette imposable est de 54 500 € (136 250 – 81 750). Le notaire retiendra donc sur le prix de vente l'impôt au taux de 19 % sur 54 500 €, soit 10 355 €. Il retiendra aussi la surtaxe de 2 %, la plus-value nette étant supérieure à 50 000 €, soit 1 090 €. Total de l'impôt = 11 445 € (10 355 + 1 090).

- Calcul des prélèvements sociaux à 15,5 %. La plus-value de 136 250 € fait l'objet d'un abattement de 1,65 % par année au-delà de la 5e, soit 10 ans. L'abattement est donc de 16,5 %, soit 22 481,25 €. La plus-value nette soumise aux prélèvements sociaux est de 113 768,75 € (136 250 – 22 481,25). Le notaire retiendra donc sur le prix de vente le montant des prélèvements sociaux au taux de 15,5 %, soit 17 634 € (arrondi à l'euro inférieur).

- Montant total de la taxation de la plus-value. Alors que, avant le 1er février 2012, la plus-value aurait été intégralement exonérée en cas de détention du bien pendant 15 ans, il en coûte aujourd'hui la somme de 29 079 € (11 445 + 17 634). C'est 9 % du prix de vente !

L'administration comptable et fiscale

En dehors des assemblées générales, les principales tâches administratives propres à la société qui attendent le gérant concernent la tenue d'une comptabilité et l'envoi des déclarations fiscales.

A. LA TENUE D'UNE COMPTABILITÉ

218 – COMPTABILITÉ SIMPLIFIÉE. La SCI ayant une activité civile, il ne lui est pas demandé de tenir une comptabilité commerciale en partie double, ni de publier ses comptes (sauf option à l'IS – voir n° 051). Elle doit toutefois disposer d'un minimum de comptes et conserver toutes pièces justificatives des dépenses et des recettes.

- C'est une nécessité pour pouvoir répondre au besoin d'information des associés et pour faire face à une demande de l'Administration, lors d'un contrôle fiscal, par exemple. Car en l'absence de comptabilité sérieuse ou probante, l'administration fiscale serait en droit d'opérer un redressement sur la base d'évaluations forfaitaires des dépenses et des recettes.

● Si le gérant dispose des compétences suffisantes pour établir une comptabilité en partie double, conformément au plan comptable en vigueur, la SCI a tout intérêt à en bénéficier. Autrement, le gérant peut s'en tenir à une comptabilité très simple, fondée sur un livre journal, sur les relevés de compte bancaire et, pour une SCI de location, sur la page 2 de l'imprimé fiscal n° 2072 intitulé « déclaration des sociétés immobilières non soumises à l'impôt sur les sociétés ».

219 – LIVRE JOURNAL. Également appelé « journal des comptes », c'est le document de base d'une comptabilité simplifiée. Le gérant y consigne toutes les opérations de la SCI, en recette ou en dépense, dans leur ordre chronologique et en respectant les colonnes : la première pour la date de l'opération ; la deuxième pour sa nature, en précisant le numéro de la pièce comptable correspondante ; la troisième, divisée en deux sous-colonnes, pour son montant (en débit pour les dépenses et en crédit pour les recettes).

➢ **Exemple de dépense.** Colonne 1 : *le 2 octobre 2015* ; colonne 2 : *charges de copropriété, appel de fonds provisionnel du 4ᵉ trimestre 2015 (pièce n° 2015-27)* ; colonne 3, sous-colonne débit : *485 euros.*

➢ **Exemple de recette.** Colonne 1 : *le 10 octobre 2015* ; colonne 2 : *loyer d'octobre 2015 et sa provision pour charges (pièce n° 2015-28)* ; colonne 3, sous-colonne crédit : *765 euros.*

220 – COMPTE BANCAIRE. Il est particulièrement judicieux, pour une petite SCI familiale, de disposer d'un compte bancaire unique. Tous les mouvements de fonds sont ainsi concentrés sur les relevés de compte délivrés par la banque. Ces documents facilitent la gestion comptable et peuvent servir de preuves à présenter, notamment, à l'Administration en cas de contrôle fiscal.

221 – Imprimé fiscal. L'imprimé 2072 de déclaration annuelle des résultats des sociétés immobilières non soumises à l'impôt sur les sociétés constitue l'autre document incontournable de la comptabilité simplifiée d'une SCI de location. Le document est disponible dans tous les centres des impôts et peut être téléchargé sur Internet : www.impots.gouv.fr

La déclaration 2072 contient une ventilation des opérations par nature en distinguant, d'une part, les recettes et, d'autre part, les déductions, frais et charges. Elle laisse ensuite la place pour déterminer le résultat de l'exercice, puis la répartition des revenus et des charges entre les associés. Une notice explicative, également disponible sur Internet, permet de bien remplir cette déclaration.

ATTENTION !

222 – La tenue d'une comptabilité simplifiée ne dispense absolument pas de conserver l'intégralité des pièces justificatives des dépenses et des recettes. Leur conservation doit durer au moins trois ans au-delà de l'année en cours, si l'on s'en tient à la durée de prescription fiscale ordinaire. Mais une conservation plus longue est souvent indispensable : trois ans après l'expiration du dispositif fiscal en cas d'investissement locatif Périssol, Besson, Robien, Borloo, Scellier, Duflot, Pinel ; trente ans pour la détermination de la plus-value en cas de revente…

B. LES OBLIGATIONS FISCALES

223 – Jouissance gratuite d'un logement. Si la SCI affecte son patrimoine social à la jouissance gratuite des associés ou de l'un d'entre eux, les obligations fiscales sont limitées. La seule obligation pour la SCI est une déclaration d'absence de revenus locatifs, à adresser à l'administration fiscale la première année. Ne déclarant pas de revenus, la SCI ne peut pas non plus déduire ses charges.

- La taxe d'habitation est, en principe, réclamée directement à l'occupant du logement au 1er janvier de l'année. La SCI n'en est donc pas redevable.

- La taxe foncière reste, en revanche, à la charge du propriétaire, c'est-à-dire la SCI. Celle-ci est responsable de son paiement, mais elle peut en demander le remboursement aux associés occupant le bien, si telle est leur convention. En effet, l'occupation étant gratuite, l'interdiction de faire payer la taxe foncière par le locataire, prévue par la loi du 6 juillet 1989 sur les baux d'habitation, ne s'applique pas.

224 – Jouissance gratuite d'un local d'activités. À défaut de revenus, la SCI doit déclarer la valeur locative des locaux sur laquelle elle sera négociée. En contrepartie, elle peut déduire les charges afférentes au local.

225 – SCI de location. Lorsque la société loue les biens qu'elle possède, elle doit acquitter la taxe foncière. Elle doit également déclarer les revenus perçus et le résultat, bénéficiaire ou déficitaire, réparti entre les associés, en deux exemplaires sur l'imprimé 2072, avant la date limite d'envoi des déclarations. Le mode de détermination du résultat dépend de la nature de l'associé :

- Pour l'associé personne physique (un particulier), le résultat imposable de la SCI est déterminé selon les règles propres aux revenus fonciers (voir n° 206).

- Dans le cas où l'associé est une personne morale passible de l'impôt sur les sociétés (IS), la part des bénéfices correspondant à ses droits est déterminée selon les règles applicables en matière d'IS.

- Lorsque des droits sociaux sont inscrits à l'actif d'une entreprise industrielle, commerciale, artisanale ou agricole, imposable à l'impôt sur le revenu selon un régime de bénéfice réel de plein droit, la part de bénéfice correspondant à ces droits est déterminée selon les règles applicables aux bénéfices réalisés par l'entreprise qui détient ces droits.

ATTENTION !

226 – Le pouvoir de contrôle de l'Administration ne se limite pas à la déclaration des associés. Il s'étend aux documents et pièces comptables de la société.

---

227 – Cas pratique
Qui profite du régime microfoncier ?

Les associés sont dispensés de remplir la déclaration 2044 et peuvent reporter directement le montant brut de leurs revenus fonciers sur leur déclaration d'ensemble (imprimé n° 2042) s'ils relèvent du régime microfoncier (abattement forfaitaire de 30 % sur le revenu foncier brut déclaré, calculé automatiquement par l'Administration). Pour relever du microfoncier, trois conditions doivent être remplies :

- en plus des revenus de la SCI, le contribuable doit percevoir des revenus fonciers provenant d'un bien possédé « en direct », et non par l'intermédiaire d'une société ;
- les revenus fonciers (bénéfice ou déficit) ne doivent pas provenir d'un investissement locatif assorti d'un avantage fiscal de type Duflot, Pinel, Scellier, Robien, Borloo, Besson, Périssol, Malraux, etc. ;
- le total des revenus fonciers bruts déclarés par le foyer fiscal ne doit pas dépasser 15 000 euros.

C. L'OPTION POUR L'IMPÔT SUR LES SOCIÉTÉS (IS)

228 – OPTION IRRÉVOCABLE. Opter pour l'IS confère à la SCI un véritable statut d'entreprise qui lui permet de n'être imposée que sur son résultat net de toutes charges, y compris d'amortissement de l'immeuble. Mais, en contrepartie, elle est soumise aux mêmes déclarations et formalités que les sociétés commerciales : compte d'exploitation, compte de résultat, bilan à publier au registre du commerce… De plus, elle perd la transparence fiscale.

- Cette lourdeur, à laquelle s'ajoute le coût de rémunération d'un expert-comptable, quasiment indispensable, réserve cette option aux SCI disposant d'un gros patrimoine et qui y trouveront un intérêt fiscal réel, notamment dans la transmission du patrimoine. Une étude préalable et minutieuse est donc nécessaire avant d'opter pour l'IS.

- De plus, en optant pour l'IS, la SCI perd sa transparence fiscale. Non seulement elle paye l'impôt sur les bénéfices qu'elle réalise, mais les dividendes distribués sont imposés entre les mains des associés. Et si elle ne réalise pas de bénéfice imposable, elle est néanmoins taxée à l'impôt forfaitaire annuel (IFA) des sociétés assujetties à l'IS.

- Enfin, en cas de revente du bien, la taxation des plus-values est très pénalisante. La plus-value imposable est, en effet, égale à la différence entre le prix de vente et la valeur résiduelle du bien figurant au bilan, après décompte des amortissements. Le résultat est ensuite intégré au chiffre d'affaires de l'entreprise et taxé comme un bénéfice.

ATTENTION !

229 – L'option à l'IS en cours d'existence de la société déclenche l'imposition des plus-values latentes sur les biens de la société, comme s'ils étaient vendus (régime des plus-values des particuliers, voir n⁰ˢ 056 et 057).

230 – CHARGES DÉDUCTIBLES. La SCI relevant de l'IS déduit de ses recettes : les frais d'acquisition (honoraires du notaire, droits d'enregistrement sur le prix de vente, etc.) ; les frais de dossier d'emprunt et de constitution des garanties ; la commission de l'agence immobilière s'il en est intervenu une dans la transaction.

Sont également déductibles les charges courantes de l'immeuble, y compris les primes d'assurance et les frais de gestion pour leur montant réel.

231 – AMORTISSEMENT DES IMMEUBLES. L'impôt sur les sociétés autorise l'amortissement des immeubles, neufs ou anciens (à l'exception du terrain). En fonction de leur nature, le taux d'amortissement praticable va généralement de 3,33 % (amortissement sur trente ans), pour les immeubles de qualité, à 4 ou 5 % (amortissement sur vingt-cinq ou vingt ans) pour des biens d'obsolescence rapide.

C'est un avantage considérable par rapport au régime d'imposition des revenus fonciers, dans lequel l'amortissement est inexistant (sauf dispositifs fiscaux particuliers : Périssol, Besson, Robien, Borloo) depuis la disparition de la déduction forfaitaire de 14 %. L'administration fiscale estimait, en effet, que la part consacrée à l'amortissement dans la déduction de 14 % était de 6 %. Mais ce taux s'appliquait sur les loyers, et non sur le prix du bien. La différence est énorme et procure à la société une économie d'impôt et une trésorerie appréciable.

> ➤ **Exemple.** Une SCI loue 10 000 euros par an un immeuble acheté 200 000 euros (valeur du terrain non comprise). Imposée en revenu foncier, depuis 2006, il n'y a plus d'amortissement. En optant pour l'IS et en pratiquant l'amortissement au taux de 3,33 % sur les 200 000 euros de l'immeuble, elle peut déduire une charge de 6 660 euros par an.

232 – Un commissaire aux comptes n'est obligatoire que si deux des trois seuils légaux suivants sont atteints : total du bilan de 1,55 million d'euros, chiffre d'affaires hors taxe de 3,1 millions d'euros, effectif de cinquante salariés au moins. Dans ce cas, les comptes annuels et le rapport de gestion sont obligatoirement publiés.

D. L'OPTION POUR L'ASSUJETTISSEMENT À LA TVA

233 – RÉCUPÉRATION. Opter pour l'assujettissement à la TVA permet de récupérer le montant de cette taxe payée sur le prix d'acquisition d'un immeuble neuf et sur le coût des travaux des immeubles anciens. Cette récupération se traduit généralement par un remboursement de TVA.

Mais cette option oblige à assujettir les loyers à la TVA pendant dix ans, et même vingt ans en cas de remboursement de TVA. Il devient alors très difficile de louer le bien à un locataire qui ne récupère pas cette taxe : un particulier non commerçant ou un membre d'une profession libérale, par exemple.

234 – SCI CONCERNÉES. Si l'activité de la SCI consiste à donner des locaux d'habitation en location non meublée (sauf exception – voir ci-après) l'option pour la TVA n'est pas possible.

En revanche, l'assujettissement à la TVA est obligatoire pour les SCI à l'IS ainsi que celles qui sont propriétaires de locaux à usage professionnel loués meublés. Il en va de même dans le cas de certains contrats de location prévoyant que le loyer varie en fonction des résultats du locataire.

235 – Pour les locaux d'habitation, l'option pour la TVA est permise en cas de location meublée assortie de trois prestations de service parmi les quatre suivantes : accueil, ménage, blanchisserie, fourniture de petits déjeuners. Mais une SCI qui fournirait ces prestations perdrait son caractère civil (voir n° 004).

236 – MODALITÉ DE L'OPTION. La SCI adresse une déclaration d'option par lettre au service des impôts. L'option est temporaire. Elle prend effet au premier jour du mois au cours duquel elle est formulée et se termine au 31 décembre de la neuvième année suivante. Elle est prolongée d'office pour dix ans si un remboursement de TVA a été obtenu.

La gestion des comptes courants d'associés

Il ne s'agit pas de vrais comptes bancaires, mais d'un jeu d'écriture dans la comptabilité de la société. Les fonds versés par les associés sur ces comptes sont, en réalité, déposés sur le compte bancaire de la société.

A. Un mode de financement de la société

237 – Alternative à l'emprunt. À l'époque où un droit d'apport proportionnel au capital social était perçu par le fisc, l'habitude avait été prise de créer les SCI avec un capital très faible et d'alimenter en fonds la société par les apports des associés en comptes courants. Avec la suppression du droit d'apport, cette pratique est révolue.

Les comptes courants d'associés restent néanmoins utiles pour procurer des liquidités à la société ou pour libérer progressivement le capital social. Le recours au compte courant d'associé doit rester limité, sauf si la société ne peut pas se financer autrement.

- Dans les sociétés civiles de location, il est préférable de recourir à l'emprunt bancaire classique ou à l'augmentation de capital comme mode de financement des investissements.

- Dans les sociétés ne percevant pas de revenus, l'apport des associés en compte courant est, là, quasiment indispensable. Car, sans ressources, il leur est difficile d'emprunter.

> **Exemple.** Une SCI a pour objet la mise à disposition gratuite d'un bien à un des associés. En échange, il lui est demandé d'acquitter les charges sur ses propres deniers. En revanche, il est prévu que les travaux d'amélioration et de gros entretien resteront à la charge de la société. Ce sont donc les associés, ou certains d'entre eux, qui auront à les financer, soit par des apports en compte courant, soit par une augmentation de capital.

---

238 – Cas pratique
Apport en compte courant ou augmentation de capital ?

Le choix s'apparente à celui qu'un investisseur boursier fait entre obligation et action. Si l'associé entend faire à la société un prêt dont il espère le remboursement à l'échéance, l'option pour l'avance en compte courant s'impose. Il percevra des intérêts et, comme tout créancier de la société, pourra prétendre au remboursement de la somme avancée. Opter pour l'augmentation de capital, ce n'est plus prêter mais investir à long terme. L'associé augmente ses parts dans le capital, et donc ses droits de vote. À défaut de percevoir des intérêts, il peut espérer réaliser une plus-value, soit à la revente de ses parts, soit à la liquidation de la société.

---

239 – Versements volontaires. On ne peut obliger un associé à opérer des versements en compte courant. Ce serait augmenter ses engagements statutaires contre son gré, ce qui est interdit par l'article 1836 du Code civil. De même, la jurisprudence reconnaît aux associés le droit de réclamer à tout moment le remboursement de leurs avances en compte courant, sauf convention contraire. Mais ces droits peuvent s'avérer théoriques.

- Ainsi, l'attention des associés doit être attirée sur la contribution qu'ils auront à verser si les loyers procurés par le ou les biens loués par la SCI ne couvrent pas complètement les remboursements d'emprunts et autres charges. Chaque mois ou, du moins, périodiquement, les associés devront mettre la main à la poche pour faire l'avance des sommes manquantes. Sinon, la société tombera en cessation de paiements.

- Lorsqu'il sollicite une avance des associés, le gérant prend généralement soin de leur faire signer une convention préalable indiquant le taux d'intérêt servi et les conditions de remboursement des sommes en compte courant. Il est ainsi fait échec à la possibilité d'exiger le remboursement à tout moment. Mais, même en l'absence de pareil accord, l'associé hésitera souvent à exercer son droit s'il doit mettre en péril la société.

240 – Comptes rémunérés. Sur décision des associés, les comptes courants peuvent être rémunérés à un taux déterminé. Les intérêts versés constituent une charge déductible des revenus fonciers si les fonds déposés sur les comptes ont servi au financement du patrimoine social : acquisition, conservation, réparation, amélioration (article 31 du Code général des impôts).

Bien entendu, les intérêts versés sont imposables entre les mains des associés qui les ont perçus. L'option pour le prélèvement libératoire a été supprimée, sauf exception, à partir des revenus de 2013.

241 – Dans les sociétés soumises à l'IS, la déduction des intérêts des comptes courants est soumise à des conditions particulières, dont le plafonnement du taux. Celui-ci est publié régulièrement par l'administration fiscale. Exemple : le taux annuel maximal des intérêts admis en déduction était de 2,18 % pour les sociétés à l'IS dont l'exercice social se terminait après le 30 novembre 2015.

B. DU COMPTE COURANT AU CAPITAL SOCIAL

242 – AUGMENTATION DE CAPITAL. À défaut de pouvoir rembourser les comptes courants des associés, la société a la faculté de les intégrer au capital. Le montant de celui-ci est augmenté d'autant et chaque associé reçoit des parts sociales en contrepartie des sommes qui figuraient sur son compte. Mais, pour le calcul du nombre de parts allouées, il est tenu compte de la valeur de la part au jour de l'augmentation de capital, et non de sa valeur nominale.

---

243 – Cas pratique
Pensez à la prime d'émission

Dans une SCI au capital de 100 000 euros, deux associés sont titulaires d'un compte courant, le premier pour 25 000 euros et le second pour 10 000 euros. L'intégration des comptes courants dans le capital est votée en assemblée générale à l'unanimité. Le capital social passe donc de 100 000 euros à 135 000 euros. En échange, les deux associés reçoivent des parts. Dans les statuts, la valeur nominale des parts a été fixée à 100 euros. Mais, depuis la création de la SCI, son patrimoine s'est valorisé, de telle sorte que les parts sont estimées, d'un commun accord entre les associés, à 125 euros au jour de l'augmentation de capital. La différence de 25 euros est appelée « prime d'émission ». Le premier associé recevra donc 200 parts en contrepartie des 25 000 euros de son compte courant (200 × 125 = 25 000) ; et le second recevra 80 parts (80 × 125 = 10 000).

---

244 – Libération du capital. On a vu, lors de la constitution de la SCI, qu'il était préférable de fixer le capital social à la valeur du bien à acquérir, même si celui-ci est financé à crédit. Le capital est alors libéré au fur et à mesure du remboursement de l'emprunt (voir n° 139). La procédure à suivre est la suivante.

- À la fin de chaque exercice, le compte de résultat de la société fait apparaître le montant de remboursement du prêt. N'oublions pas que si les intérêts constituent une charge déductible des revenus fonciers, l'amortissement du capital, lui, n'est pas déductible.

- La part des loyers ayant servi à rembourser le capital constitue donc un bénéfice, réparti entre les associés en proportion de leurs droits sociaux. La part de chacun est inscrite sur son compte courant. Et lors de l'assemblée approuvant les comptes annuels, les associés votent la libération partielle du capital social par intégration des comptes courants des associés.

---

245 – Cas pratique
Comment libérer le capital sans bourse délier ?

Au cours d'une année, la société a payé à la banque douze mensualités de prêt immobilier de 750 euros chacune. Chaque mensualité est composée de 450 euros d'intérêts et de 300 euros d'amortissement du capital. Soit 3 600 euros de capital amorti au cours de l'exercice (12 x 300). À supposer que la société soit constituée à parts égales entre quatre associés, chacun verra son compte courant crédité de 900 euros (4 x 900 = 3 600). Cette année-là, chaque associé libérera sa part du capital social à concurrence de 900 euros.

Les assemblées générales

Pour permettre aux associés d'exprimer leur volonté, comme la loi le prévoit, il faut les convoquer, les informer et les réunir. Les décisions sont consignées dans un procès-verbal.

A. LA CONSULTATION DES ASSOCIÉS

246 – MODES DE CONSULTATION. Les décisions outrepassant les pouvoirs de la gérance sont prises par les associés réunis en assemblée ou par consultation écrite, si celle-ci est prévue dans les statuts. Les règles de ces deux formes de consultation sont fixées avec précision par les articles 39 à 44 du décret n° 78-704 du 3 juillet 1978.

Tout autre mode décisionnel est prohibé. Ainsi, une décision prise par le gérant après une simple consultation téléphonique de ses coassociés pourrait être contestée par n'importe lequel d'entre eux, au besoin devant les tribunaux. La décision serait nulle et le gérant engagerait sa responsabilité pour faute.

À NOTER

247 – Il n'y a pas lieu de préciser si l'assemblée est ordinaire ou extraordinaire. Cette distinction, prévue pour les sociétés commerciales, est sans objet dans les sociétés civiles.

248 – Consultation écrite. Lorsque la consultation écrite est prévue par les statuts, le gérant peut y recourir de la façon suivante (article 42 du décret du 3 juillet 1978). D'abord, le texte des résolutions proposées ainsi que les documents nécessaires à l'information des associés sont adressés à chacun de ceux-ci par lettre recommandée avec demande d'avis de réception. Chaque associé dispose alors de quinze jours au moins à compter de la date de réception pour émettre son vote par écrit. La date limite d'envoi des votes est fixée par les statuts. Le gérant dresse un procès-verbal indiquant le résultat de la consultation. Sont annexées au procès-verbal : la justification du respect des formalités – c'est-à-dire l'avis de réception des recommandés – et la réponse de chaque associé (fin de l'article 44 du décret). Le procès-verbal est reporté au registre spécial.

B. Convocation d'une assemblée

249 – Qui convoque ? À défaut de précision dans la loi, c'est en principe au gérant, ou à l'un d'entre eux s'ils sont plusieurs, que les statuts donnent pouvoir de convoquer les assemblées générales. Toutefois, *« un associé non gérant peut à tout moment, par lettre recommandée, demander au gérant de provoquer une délibération des associés sur une question déterminée »*, dit l'article 39 du décret de 1978.

- Si le gérant fait droit à la demande, il convoque l'assemblée ou procède à une consultation écrite, lorsque cette modalité est prévue par les statuts. *« Sauf si la question posée porte sur le retard du gérant à remplir l'une de ses obligations, la demande est considérée comme satisfaite lorsque le gérant accepte que la question soit inscrite à l'ordre du jour de la prochaine assemblée ou consultation par écrit »*, précise l'article 39 alinéa 2.

- Si, au contraire, le gérant s'oppose à la demande ou garde le silence, l'article 39 alinéa 3 donne la marche à suivre : « *L'associé demandeur peut, à l'expiration du délai d'un mois à dater de sa demande, solliciter le président du tribunal de grande instance, statuant en la forme des référés, la désignation d'un mandataire chargé de provoquer la délibération des associés.* »

250 – Opposé à une demande légitime d'un associé, un refus de la part du gérant pourrait être considéré comme une faute susceptible de justifier sa révocation ou d'engager sa responsabilité.

251 – Délai pour convoquer. « *Les associés sont convoqués quinze jours au moins avant la réunion de l'assemblée, par lettre recommandée* », impose l'article 40 du décret de 1978. Un associé non convoqué, ou convoqué par lettre simple ou hors délai, peut faire annuler l'assemblée et, par voie de conséquence, tous les actes pris en vertu des résolutions votées lors de cette assemblée.

Toutefois, pour la jurisprudence, une convocation verbale ou par lettre simple ne rend pas nulle l'assemblée, même si le délai de quinze jours n'est pas respecté, à condition que tous les associés y soient présents ou représentés. Ils sont alors censés avoir renoncé à se prévaloir des dispositions légales et à engager une action en annulation.

252 – Ordre du jour. Il est fixé par le gérant et figure dans la convocation. « *Celle-ci indique l'ordre du jour, de telle sorte que le contenu et la portée des questions qui y sont inscrites apparaissent clairement sans qu'il y ait lieu de se reporter à d'autres documents* », indique l'article 40 alinéa 1er du décret. Cet article et le suivant précisent la teneur de l'information à communiquer aux associés :

- « *Dès la convocation, le texte des résolutions proposées et tout document nécessaire à l'information des associés sont tenus à leur disposition au siège social, où ils peuvent en prendre connaissance ou copie. Les associés peuvent demander que ces documents leur soient adressés soit par lettre simple, soit à leurs frais par lettre recommandée* » (article 40 alinéas 2 et 3).

- Lorsque l'ordre du jour de l'assemblée porte sur la reddition de compte du gérant, celui-ci doit adresser à chaque associé par lettre simple, quinze jours au moins avant la réunion, les documents suivants (article 41 du décret de 1978) : le rapport d'ensemble sur l'activité de la société imposé au gérant par l'article 1856 du Code civil, le texte des résolutions proposées et tous les autres documents nécessaires à l'information des associés. Dans les sociétés civiles très importantes, s'y ajoutent les rapports de l'organe de surveillance ou des commissaires aux comptes.

C. Le déroulement de l'assemblée

253 – Présence ou représentation. Un associé non présent peut se faire représenter par un autre associé dans les conditions prévues aux statuts. Il n'y a pas de quorum nécessaire, c'est-à-dire de nombre minimal d'associés présents ou représentés, pour que l'assemblée puisse se tenir, sauf disposition contraire des statuts.

- En principe, une feuille de présence est signée par les associés ou leurs représentants. Toutefois, elle n'est pas indispensable si la société comprend peu d'associés, comme c'est souvent le cas dans les

SCI familiales. Dans ce cas, la signature du procès-verbal par tous les associés tiendra lieu de justificatif de leur présence.

- La constitution d'un bureau peut être prévue par les statuts : un président, un ou deux scrutateurs, un secrétaire, par exemple. Les statuts peuvent attribuer d'office la présidence au gérant ou à l'associé porteur du plus grand nombre de parts ou bien encore, dans les SCI familiales, à l'associé le plus âgé…

254 – Vote. Après discussion, chaque résolution donne lieu à un vote. Celui-ci peut être exprimé oralement ou à main levée, sauf si les statuts prévoient un scrutin à bulletin secret, exigence rare – et inutilement contraignante – dans les petites SCI familiales.

255 – Cas pratique
Qui vote : le nu-propriétaire ou l'usufruitier ?

Certains associés peuvent avoir donné à d'autres la nue-propriété ou l'usufruit de leurs parts (voir n°° 284 et 285). Dans ce cas, « *le droit de vote appartient au nu-propriétaire, sauf pour les décisions concernant l'affectation des bénéfices, où il est réservé à l'usufruitier* », tranche l'article 1844 alinéa 3 du Code civil, en laissant toutefois aux statuts la possibilité d'en décider autrement. Il est ainsi fréquent de conférer de larges pouvoirs à l'usufruitier. Usufruitier et nu-propriétaire peuvent également se donner procuration pour être représentés par un seul d'entre eux aux assemblées.

256 – Procès-verbal. « *Toute délibération des associés est constatée par un procès-verbal indiquant les nom et prénoms des associés qui y ont participé, le nombre de parts détenues par chacun d'eux, les documents et rapports soumis aux associés, le texte des résolutions mises aux voix et le résultat des votes* », dit l'article 44 du décret de 1978.

Le procès-verbal indique également la date et le lieu de la réunion, les nom, prénoms et qualité du président et un résumé des débats. Il est signé par le ou les gérants et, s'il y a lieu, par le président de l'assemblée (article 44 alinéas 2 et 3).

- Un registre spécial doit être tenu au siège de la société, coté et paraphé (sans frais) par un magistrat : juge du tribunal de commerce ou d'instance, maire ou adjoint au maire de la commune du siège social. Les librairies spécialisées proposent ces registres et fournissent le service (payant) de les faire parapher.

- La forme actuelle la plus couramment utilisée est celle d'un classeur à feuilles mobiles, numérotées sans discontinuité, paraphées et revêtues du sceau de l'autorité qui a accompli la formalité. Avantage : chaque feuille mobile peut être insérée dans une imprimante ou une photocopieuse pour l'impression du procès-verbal.

ATTENTION !

257 – Pour respecter la continuité du registre, aucune feuille ne doit être supprimée. En cas d'erreur, le gérant annule la page mais la laisse à sa place dans le classeur.

Partie 5

L'évolution
et la fin de la SCI

Avec le changement de gérant ou de siège social, l'une des plus importantes décisions que puisse avoir à prendre la SCI est d'augmenter son capital. La procédure est ci-après décrite précisément, notamment en ce qui concerne le calcul du prix d'émission des nouvelles parts. D'autres événements qui comptent dans la vie d'une SCI sont les transmissions de parts sociales, que ce soit à titre onéreux (cession) ou à titre gratuit (donation, héritage). Les principales règles à respecter sont rappelées dans cette partie, qui se termine sur la fin de la société, sa dissolution et sa liquidation.

L'augmentation
du capital social

Pour se financer autrement que par un prêt bancaire, la société a deux possibilités : solliciter les associés, ou certains d'entre eux, pour qu'ils fassent un apport en compte courant (voir n° 237) ou bien décider d'augmenter le capital. Attention à ne pas confondre l'augmentation de capital avec la libération du capital (voir n° 139).

A. LES ASPECTS FINANCIERS

258 – POURQUOI AUGMENTER LE CAPITAL ? Les raisons sont multiples : rembourser leur créance aux associés, lever des fonds en vue d'une amélioration du patrimoine existant et de l'acquisition de nouveaux immeubles, etc. Dans certains cas, l'augmentation de capital n'est peut-être pas la meilleure solution à retenir.

- Incorporation des comptes courants. Si la société ne dispose pas des fonds nécessaires pour rembourser leur compte courant aux associés qui le réclament, l'augmentation de capital par intégration des comptes courants paraît tout indiquée (voir n° 242). Pour les associés concernés, l'avantage est de participer à la valorisation du patrimoine. Mais ils prennent aussi le risque d'une perte si le bien est ultérieurement vendu moins cher que sa valeur au jour de l'augmentation de capital.

• Accroître le patrimoine social. Si la société sollicite les associés pour financer, au moins partiellement, des travaux dans les immeubles sociaux, l'augmentation de capital est adaptée. En revanche, s'il s'agit d'acquérir de nouveaux immeubles, les associés doivent se demander s'ils ne doivent pas plutôt créer une nouvelle SCI que de multiplier les biens dans une société unique. Une SCI par immeuble facilite la comptabilité et la gestion. Du point de vue fiscal, le résultat est le même puisque, au niveau des associés, les revenus fonciers sont globalisés dans une déclaration unique (imprimé 2044).

259 – DROIT PRÉFÉRENTIEL DE SOUSCRIPTION. L'augmentation de capital n'emporte pas toujours l'assentiment de tous les associés si elle a pour effet de modifier la répartition initiale du capital. Une augmentation imposée par la majorité qui aurait pour effet de réduire encore la part des minoritaires pourrait pousser ceux-ci à exercer leur droit de retrait (voir n° 301). C'est pourquoi il est fréquent d'inclure, dans les statuts, un droit préférentiel de souscription en cas d'augmentation de capital en numéraire.

• Chaque associé dispose alors d'un droit de préférence à la souscription des parts nouvelles représentatives de l'augmentation de capital, proportionnellement au nombre de parts qu'il possède déjà. Ainsi, dans une SCI répartie à 60/40 entre deux associés, la souscription devra d'abord être proposée aux deux associés dans cette même proportion de 60/40.

- Si un associé ne dispose pas des fonds nécessaires à la souscription des parts nouvelles qui lui sont proposées, il peut soit accepter une répartition inégalitaire, soit chercher à céder ses droits de souscription si les statuts le prévoient. La cession des droits de souscription attachés aux parts anciennes obéit à la même procédure que celle des parts, en respectant la clause d'agrément (voir n° 152).

260 – ÉMISSION DE PARTS NOUVELLES. En échange de leur souscription à l'augmentation de capital, les associés reçoivent des parts nouvelles. Pour le calcul du nombre de parts nouvelles émises, il est tenu compte de la valeur des parts anciennes au jour de l'augmentation de capital, et non de leur valeur nominale. La différence entre la valeur nominale de la part, celle indiquée dans les statuts, et la valeur de souscription à l'augmentation de capital s'appelle la « prime d'émission » (voir cas pratique ci-dessous).

---

261 – Cas pratique
Le calcul de la prime d'émission

Une SCI décide d'augmenter son capital, fixé dans les statuts à 400 000 euros et divisé en 400 parts de 1 000 euros réparties à 60/40 entre l'associé A (240 parts) et l'associé B (160 parts). Le capital a servi à acquérir un immeuble que les associés, d'un commun accord, évaluent aujourd'hui à 580 000 euros. Mais ils y ont réalisé des travaux financés par un emprunt sur lequel il reste dû 40 000 euros. L'actif net social est donc de 540 000 euros, soit une valeur de 1 350 euros pour chacune des 400 parts anciennes. La différence de 350 euros entre cette valeur actuelle et le prix d'origine de la part indiqué dans les statuts (1 000 euros) s'appelle la « prime d'émission ». C'est au prix unitaire de 1 350 euros que les nouvelles parts doivent être émises. Le montant de l'augmentation de capital décidée en assemblée générale est de 135 000 euros, soit 100 parts de 1 350 euros chacune. Pour respecter la répartition initiale

---

du capital (60/40), l'augmentation est souscrite : à concurrence de 60 % par l'associé A, qui verse 81 000 euros et reçoit 60 parts nouvelles ; à concurrence de 40 % par l'associé B, qui verse 54 000 euros et reçoit 40 parts nouvelles. À 1 350 euros la part, la capitalisation des 500 parts sociales de la SCI s'élève à 675 000 euros, répartie entre : 400 000 euros de capital d'origine, 135 000 euros d'augmentation de capital et 140 000 euros de valorisation nette du patrimoine (180 000 euros de valorisation de l'immeuble moins 40 000 euros d'emprunt restant dû à la banque).

B. LES MODALITÉS JURIDIQUES ET FISCALES

262 – DÉCISION DES ASSOCIÉS. L'augmentation de capital fait partie des décisions que seuls les associés peuvent prendre. Le gérant n'a pas compétence. La décision est prise soit au cours d'une assemblée générale des associés dûment convoqués (voir n°ˢ 249 à 252), soit à la suite d'une consultation écrite si celle-ci est prévue dans les statuts (voir n° 248).

263 – FORMALITÉS ET COÛT. La résolution de l'assemblée générale est consignée dans un procès-verbal (voir n° 256). Ce PV doit être enregistré au droit fixe de 375 euros (porté à 500 euros lorsque la société a un capital social d'au moins 225 000 euros). Un avis doit ensuite être publié dans un journal d'annonces légales (entre 150 et 200 euros environ). Enfin, il y a lieu d'effectuer les formalités au greffe du tribunal de commerce (environ 200 euros).

* La déclaration au greffe peut être faite sur papier, en remplissant le formulaire M2 téléchargeable sur le site http://vosdroits.service-public.fr

* Elle peut également être faite de façon dématérialisée en téléchargeant le formulaire au format PDF à remplir en ligne.

La cession de parts sociales

Au cours de la vie de la société, certains associés peuvent souhaiter vendre tout ou partie de leurs parts. La cession doit être constatée par acte écrit, sous seing privé ou notarié, et enregistrée. Elle ne peut intervenir que si l'acheteur (le cessionnaire) choisi par le vendeur (le cédant) convient aux autres associés.

A. LE RESPECT DE LA CLAUSE D'AGRÉMENT

264 – PROCÉDURE À SUIVRE. On ne voit jamais d'annonces du style « parts de SCI à vendre ». Et pour cause, c'est interdit ! L'article 1841 du Code civil prohibe en effet, outre l'appel public à l'épargne, l'émission de titres négociables. Subtilité juridique, les parts de sociétés civiles (autres que les SCPI) sont cessibles, mais non négociables. L'associé qui souhaite vendre doit donc trouver un acquéreur parmi ses connaissances, sans faire de publicité.

- Deuxième difficulté, il faut que l'acquéreur convienne aux autres associés : « *Les parts sociales ne peuvent être cédées qu'avec l'agrément de tous les associés* », précise l'article 1861 alinéa 1er du Code civil.

- Cet agrément, donné à l'unanimité ou à la majorité prévue par les statuts, est requis quelle que soit la forme de la cession : vente, donation, héritage. Il s'impose à tout bénéficiaire d'une cession, qu'il soit acquéreur, donataire ou héritier, sauf dispense. Le conjoint et les enfants des associés, ainsi que les associés eux-mêmes, sont souvent exemptés d'agrément (voir n° 155).

> **À NOTER**
>
> **265** – La cession des parts d'un associé n'emporte pas la cession automatique de son compte courant. Les sommes qui y figurent doivent faire l'objet d'un remboursement par la société, aux conditions convenues.

266 – AGRÉMENT DANS L'ACTE DE CESSION. Comme la loi le prévoit (article 1854 du Code civil), tous les associés peuvent donner leur consentement en intervenant directement dans l'acte de cession de parts. Leur signature de l'acte vaut agrément. Cette procédure, très simple, est largement utilisée dans la pratique.

267 – AGRÉMENT SÉPARÉ. Si l'agrément dans la cession n'est pas possible, le cédant doit notifier le projet de cession, avec demande d'agrément, à la société et à chacun des associés (article 1861 alinéa 3 du Code civil). Une notification uniquement adressée à la société n'est suffisante que si le gérant est habilité, par les statuts, à agréer seul la cession. La notification résulte d'une lettre recommandée avec avis de réception ou d'un acte d'huissier. La décision est prise en assemblée dûment convoquée (voir n°ˢ 249 à 252) ou par consultation écrite, dans les conditions de majorité prévues par les statuts. Si ces derniers sont muets sur ce point, l'accord nécessite l'unanimité des associés. Le cédant prend part au vote, mais on l'imagine mal voter contre son propre projet de cession. Si l'accord est donné, la vente peut avoir lieu.

268 – REFUS D'AGRÉMENT. En cas de refus du cessionnaire, plusieurs solutions de rechange sont prévues par la loi :

- Un ou plusieurs associés expriment leur volonté d'acquérir les parts. Dans ce cas, « *sauf clause ou convention contraire*, précise l'article 1862 alinéa 1er, *ils sont réputés acquéreurs à proportion du nombre de parts qu'ils détenaient antérieurement* ».

- « *Si aucun associé ne se porte acquéreur, la société peut faire acquérir les parts par un tiers désigné à l'unanimité des autres associés ou suivant les modalités prévues par les statuts. La société peut également procéder au rachat des parts en vue de leur annulation* », ajoute l'article 1862 alinéa 2.

269 – RÉPONSE AU CÉDANT. « *Le nom du ou des acquéreurs proposés, associés ou tiers, ou l'offre de rachat par la société, ainsi que le prix offert sont notifiés au cédant* », précise l'article 1862 alinéa 3. Cette proposition doit lui être adressée par lettre recommandée ou par acte d'huissier, dans un délai de six mois maximum à compter de la notification du projet initial de cession. Si, dans le délai imparti, aucune offre d'achat n'est faite au cédant, l'agrément est réputé acquis, « *à moins que les autres associés ne décident, dans le même délai, la dissolution anticipée de la société* », précise l'article 1863 en ajoutant : « *Dans ce dernier cas, le cédant peut rendre caduque cette décision en faisant connaître qu'il renonce à la cession dans le délai d'un mois à compter de ladite décision.* »

IMPORTANT !

270 – La procédure décrite ci-dessus, résultant des articles 1862 et 1863 du Code civil, est obligatoire. Les seules modifications permises portent sur le délai de six mois laissé aux associés pour faire une contre-proposition au cédant. Les statuts peuvent, en effet, fixer un autre délai sans qu'il puisse excéder un an ni être inférieur à un mois (article 1864).

271 – FIXATION DU PRIX DE CESSION. Les coassociés pourraient être tentés de profiter de la clause d'agrément pour se substituer au cessionnaire en offrant un moindre prix au cédant. C'est pourquoi la loi a prévu une double parade : l'expertise et le droit de repentir.

- En cas de contestation sur le prix, l'article 1843-4 du Code civil prévoit que la valeur des parts est déterminée *« par un expert désigné, soit par les parties, soit à défaut d'accord entre elles, par ordonnance du président du tribunal statuant en la forme des référés et sans recours possible »*.

- L'associé cédant peut toujours renoncer à son projet de cession et décider de conserver ses parts, prévoit l'article 1862. Ce « droit de repentir » est ouvert en cas de refus d'agrément du cessionnaire ou si le prix de rachat proposé par les autres associés est inférieur à celui de la transaction initiale. Un associé peut aussi exercer son droit de retrait (voir n° 301).

272 – Cas pratique
Nantissement rime avec agrément

Un associé souhaitant contracter un emprunt à titre personnel peut proposer au prêteur ses parts en garantie. Le gage s'appelle alors un « nantissement », dont les conditions sont fixées par les articles 1886 à 1888 du Code civil. Dans le cas où l'emprunteur n'honore pas sa dette, le prêteur peut procéder à la vente forcée des parts nanties. L'acquéreur devient-il alors associé ? Oui, mais seulement si les coassociés ont donné leur agrément préalable au nantissement. Et même dans ce cas, ils peuvent se substituer à l'acquéreur, à condition de payer le prix d'adjudication des parts, bien sûr.

B. LA VENTE DES PARTS ET LA TAXATION DU PRIX

273 – PRIX DE CESSION DES PARTS. Il est librement fixé entre le cédant et le cessionnaire, à condition d'être réel et sérieux. Une cession à prix dérisoire pourrait, en effet, être attaquée par les créanciers du cédant ou qualifiée de donation par le fisc. Pour le calcul des droits d'enregistrement, l'administration fiscale dispose aussi d'une faculté de redressement si elle estime le prix de cession insuffisant.

- Dans une SCI, la valeur d'une part est, en principe, égale à l'actif net de la société divisé par le nombre total de parts constituant le capital social.

> **Exemple.** Une SCI constituée de 1 000 parts de 100 euros possède un immeuble acquis à crédit pour 100 000 euros. Au jour de la cession, le bien est estimé à 150 000 euros et il reste 40 000 euros de crédit à rembourser. L'actif net est donc de 110 000 euros et chacune des 1 000 parts constituant le capital vaut 110 euros.

- Toutefois, la faible liquidité des droits sociaux résultant, notamment, des clauses d'agrément, autorise une décote. D'après les tribunaux, celle-ci peut varier de 5 à 20 % selon l'importance du nombre de parts cédées : de 5 % pour la cession d'un important bloc de parts assurant la majorité du capital au cessionnaire, à 20 % pour une cession très minoritaire. Le fisc n'admettra pas davantage.

274 – Purge du droit de préemption. Le recours à la SCI plutôt qu'à l'achat en direct a pu être considéré comme un moyen d'échapper au droit de préemption des communes. C'est un peu moins vrai depuis la loi Engagement national pour le logement (ENL) du 13 juillet 2006.

- L'article 18 de la loi ENL autorise les communes à étendre le droit de préemption urbain (DPU) prévu à l'article L. 211-4 du Code de l'urbanisme « *à la cession de la totalité des parts d'une société civile immobilière, lorsque le patrimoine de cette société est*

> *constitué par une unité foncière, bâtie ou non, dont la cession serait soumise au droit de préemption »*.

- Une déclaration d'intention d'aliéner (DIA) devra donc être adressée à la commune lorsque celle-ci aura prévu l'extension de son DPU, que la cession envisagée portera sur l'intégralité des parts de la SCI et que le bien ainsi vendu aura normalement relevé du droit de préemption. Les conseils du notaire seront très utiles pour remplir la DIA !

275 – NÉCESSITÉ D'UN ÉCRIT. *« La cession de parts sociales doit être constatée par écrit »*, exige l'article 1865 du Code civil. Lorsque les parts appartiennent à des époux mariés sous le régime de la communauté, les deux conjoints doivent participer à la vente, même si un seul d'entre eux a la qualité d'associé (voir n° 160). La vente peut être constatée par acte sous seing privé ou notarié.

276 – CESSION ENTRE ÉPOUX. Les cessions de parts entre époux associés sont assorties de conditions particulières pour déjouer les tentatives de donations déguisées : *« Lorsque deux époux sont simultanément membres d'une société, les cessions faites par l'un d'eux à l'autre doivent, pour être valables, résulter d'un acte notarié ou d'un acte sous seing privé ayant acquis date certaine autrement que par le décès du cédant »* (article 1861 alinéa 4 du Code civil). Un acte sous seing privé acquiert date certaine par la formalité de l'enregistrement.

277 – ENREGISTREMENT. L'acte de cession de parts doit être enregistré dans le délai d'un mois, à peine de nullité. La déclaration à l'enregistrement est faite sur l'imprimé 2759 auprès de la recette des impôts du domicile de l'une des parties. La formalité donne lieu au paiement d'un droit calculé sur le prix de cession au taux de 5,70 %.

278 – PLUS-VALUE. La cession de parts est assujettie à l'impôt de plus-value, à payer lors de l'enregistrement. Pour un particulier, la vente des parts est assimilée à celle d'un immeuble et taxée comme telle (voir n° 212), à quelques exceptions près.

* Pour déterminer le prix de revient des parts, les frais d'acquisition ne peuvent être pris en compte que pour leur montant réel. Le forfait de 7,5 % ne s'applique pas. Il n'y a pas lieu non plus de pratiquer l'abattement pour travaux au taux de 15 %. Pour un associé fondateur de la société, le prix de revient correspond à la valeur nominale des parts.

* L'exonération tenant à la faible valeur du bien vendu ne s'applique pas. Ainsi, toute cession est imposable même si son prix est inférieur ou égal à 15 000 euros. L'abattement fixe de 1 000 euros sur la plus-value brute a été supprimé.

À NOTER

> **279** – Depuis le 1er septembre 2013, l'associé est exonéré d'impôt sur la plus-value s'il détient les parts cédées depuis plus de vingt-deux ans (trente ans pour les prélèvements sociaux). Il est également exonéré si, au moment de la cession, il occupe à titre de résidence principale le logement possédé par la SCI et mis gratuitement à sa disposition (voir n° 223).

280 – INFORMATION DE LA SOCIÉTÉ. La cession doit aussi être portée à la connaissance de la société. Pour cela, il existe trois procédures possibles (articles 1865 et 1690 du Code civil) :

* Le gérant accepte la cession en intervenant dans l'acte. Cette procédure n'est toutefois possible que si la cession est constatée par acte notarié.

* Lorsque la cession résulte d'un acte sous seing privé, elle doit être « signifiée » à la société. La « signification » désigne un acte délivré par un huissier de justice. Une lettre recommandée serait insuffisante.

- Les statuts peuvent également prévoir que les cessions de parts seront rendues opposables à la société par transfert dans ses registres. Il faut, pour cela, que la société dispose à son siège social d'un « registre des associés », qu'elle tient à jour.

281 – Un changement d'associé ou une nouvelle répartition des parts n'imposent pas de modifier les statuts, sauf si ces derniers en ont décidé autrement. Ce qui serait une complication peu utile et coûteuse, toute modification des statuts devant être publiée dans un journal d'annonces légales et au greffe du tribunal de commerce.

La transmission gratuite
de parts sociales

La SCI facilite la transmission d'un patrimoine d'une génération à l'autre, notamment en recourant au démembrement de propriété. On en a vu de multiples applications pratiques dans la partie 2 de cet ouvrage. Il s'agit ici de rappeler quelques règles spécifiques aux donations et aux successions dans la société civile.

A. LA DONATION

282 – PARENTS ET ENFANTS ASSOCIÉS. Dans une perspective de transmission du patrimoine, il est conseillé d'associer, dès l'origine, les parents et les enfants dans la SCI, en prenant bien soin, dans les statuts, de dispenser d'agrément les cessions de parts entre associés. Ainsi les parents peuvent faire des donations de parts à leurs enfants sans avoir à purger chaque fois la lourde procédure d'agrément.

- Le donateur peut donner l'intégralité de ses parts. Mais il doit en conserver au moins une pour rester associé. De même, la conservation d'un minimum de parts est indispensable s'il est gérant et entend le rester, lorsque les statuts prévoient que le gérant est choisi parmi les associés.

- Plutôt que de donner toutes les parts d'un coup, il est préférable d'étaler dans le temps les donations aux enfants, pour des raisons fiscales. Chaque enfant bénéficie, en effet, d'un abattement important sur les donations que lui consent chacun de ses père et mère. Cet abattement, en principe revalorisé chaque année, se renouvelle tous les quinze ans (voir n° 077).

ATTENTION !

283 – La donation de parts de SCI ayant acquis un logement neuf et opté pour l'amortissement Robien ou Borloo, ainsi que pour la réduction d'impôt Pinel, Scellier ou Duflot, fait perdre le bénéfice de l'avantage fiscal si elle intervient avant la fin de la période de location obligatoire prévue par le dispositif fiscal.

284 – DONATION EN NUE-PROPRIÉTÉ. Les parents peuvent augmenter le nombre de parts données, toujours sans payer l'impôt, en ne cédant que la nue-propriété des parts aux enfants et en conservant pour eux l'usufruit (voir n° 033). L'avantage n'est pas seulement fiscal. Avec l'usufruit, les parents conservent l'usage de leur logement si celui-ci est mis à leur disposition gratuitement par la SCI, ou continuent à percevoir les loyers si les biens de la SCI sont loués. Les valeurs respectives de la nue-propriété et de l'usufruit sont obtenues à partir d'un barème fiscal, en fonction de l'âge du donateur au jour de la donation (voir n° 044).

285 – DONATION D'USUFRUIT TEMPORAIRE. Lorsque les biens de la SCI sont loués et que les parents n'ont pas besoin des loyers pour vivre, ils peuvent avoir intérêt à donner, pendant une durée déterminée, l'usufruit des parts à un enfant qui, lui, manque de ressources (voir n° 046). « *La valeur de l'usufruit constitué pour* *une durée fixe est estimée à 23 % de la valeur de la propriété entière pour chaque période de dix ans de la durée de l'usufruit, sans fraction et sans égard à l'âge de l'usufruitier »*, précise l'article 669-II du Code général des impôts.

286 – PLUS-VALUE. La donation de parts constitue une « mutation à titre gratuit » imposée comme telle : droits de donation calculés sur la valeur au jour de la mutation, après abattements dont peuvent bénéficier les donataires. Elle ne constitue donc pas une « cession à titre onéreux » déclenchant la taxation des plus-values. Une fois les parts données, rien n'empêche les donataires de les vendre. Si le prix de cession correspond au prix estimé dans l'acte de donation, la vente ne dégagera aucune plus-value. Si la vente est réalisée à un prix supérieur, la plus-value correspondra seulement à la différence entre le prix de cession et le prix indiqué dans la donation.

287 – ACTE NOTARIÉ. Rappelons que l'article 1865 du Code civil exige que toute cession de parts soit constatée par écrit. Par ailleurs, l'article 931 de ce même Code prévoit que *« tous actes portant donation entre vifs seront passés devant notaire »*. En conséquence, la donation de parts sociales, en pleine propriété comme en démembrement, nécessite un acte notarié. Le recours au don manuel est exclu (voir n° 042).

B. L'HÉRITAGE

288 – DÉCÈS D'UN ASSOCIÉ. L'article 1870 du Code civil est très clair : *« La société n'est pas dissoute par le décès d'un associé, mais continue avec ses héritiers ou légataires, sauf à prévoir dans les statuts qu'ils doivent être agréés par les associés. »* À ce principe, l'article 1870 ajoute deux exceptions :

* Les statuts peuvent, en effet, prévoir que le décès d'un associé « *entraînera la dissolution de la société ou que celle-ci continuera avec les seuls associés survivants* ».

* Ou bien encore que « *la société continuera soit avec le conjoint survivant, soit avec un ou plusieurs des héritiers, soit avec toute autre personne désignée par les statuts ou, si ceux-ci l'autorisent, par disposition testamentaire* ».

289 – AGRÉMENT DES HÉRITIERS. Il est usuel de dispenser d'agrément les héritiers des associés, en particulier s'il s'agit de ses enfants ou de son conjoint. Dans le cas contraire, l'héritier soumis à agrément adresse sa demande dans les conditions prévues par la loi (voir n° 264). En cas de refus, les héritiers ne deviennent pas associés, mais ils ont droit au paiement de la valeur des parts sociales dont ils ont hérité (article 1870-1).

* « *Cette valeur doit leur être payée par les nouveaux titulaires des parts ou par la société elle-même si celle-ci les a rachetées en vue de leur annulation* », poursuit l'article 1870-1, en précisant que : « *La valeur de ces droits sociaux est déterminée au jour du décès dans les conditions prévues à l'article 1843-4.* »

* Autrement dit, faute d'accord sur le prix, il faudra solliciter un expert ou saisir en référé le président du tribunal de grande instance.

La fin de la SCI

Programmée pour une durée de quatre-vingt-dix-neuf ans renouvelable, la société pourrait être éternelle. En réalité, elle disparaît fréquemment avant terme, par accident ou par la volonté de ses associés. Il faut alors nommer un liquidateur, en charge des formalités et décider du sort des biens de la société.

A. La fin naturelle : prolongation ou expiration ?

290 – Causes naturelles. Une société prend fin pour différentes raisons énumérées par l'article 1844-7 du Code civil. Certaines sont naturelles : l'arrivée de la société à son terme, la réalisation ou l'extinction de l'objet social ou toute autre cause prévue par les statuts. On peut y ajouter la dissolution volontaire décidée par les associés. D'autres raisons sont dues à des événements moins prévisibles (voir n° 294).

291 – Arrivée du terme. « *La durée de la société ne peut excéder quatre-vingt-dix-neuf ans* », dit l'article 1838 du Code civil. Les statuts peuvent toutefois prévoir une durée plus courte, sachant qu'il est toujours possible de la proroger. À condition de ne pas laisser passer l'échéance ! C'est pourquoi l'article 1844-6 du Code civil oblige le gérant à consulter les associés, au moins un an avant la date d'expiration, pour leur demander s'ils entendent proroger ou non la société. À défaut, poursuit l'article 1844-6, tout associé peut demander au président du tribunal la désignation d'un mandataire de justice chargé de provoquer cette consultation.

- La prorogation de la société est décidée à l'unanimité des associés ou, si les statuts le prévoient, à la majorité fixée pour les modifications statutaires. La société est alors reconduite pour une nouvelle durée ne pouvant excéder quatre-vingt-dix-neuf ans. Il s'agit d'une modification des statuts exigeant l'accomplissement de formalités : enregistrement de la décision de prorogation au droit fixe de 375 euros (porté à 500 euros lorsque la société a un capital social d'au moins 225 000 euros), insertion dans un journal d'annonces légales, dépôt au greffe du tribunal de commerce. Les formalités doivent être accomplies dans le mois suivant la décision.

- Si la prorogation n'est pas votée, la société doit être liquidée (voir n° 302), sauf à la faire évoluer sous une autre forme. Les associés peuvent, en effet, convenir de transformer la société (article 1844-3), de la faire absorber par une autre ou de la fusionner avec une autre (article 1844-4).

292 – Réalisation ou extinction de l'objet social. C'est l'une des causes les plus courantes de la dissolution des SCI. Prenons l'exemple d'une société créée pour acquérir un bien immobilier en vue de sa location. Dix ans plus tard, la SCI revend le bien : son objet social est éteint. Les associés ont alors le choix : soit ils modifient les statuts pour lui donner un nouvel objet social (l'acquisition d'un nouveau bien, par exemple), soit ils procèdent à la liquidation de la SCI.

293 – Dissolution volontaire. Les associés qui souhaitent mettre un terme à leur contrat de société peuvent le faire à tout moment, à condition de respecter les règles prévues par la loi ou les statuts. Il s'agit, en effet, d'une décision collective à prendre en assemblée générale ou, éventuellement, par consultation écrite si cette procédure figure dans les statuts.

* La résolution est votée à l'unanimité, sauf stipulation contraire des statuts n'imposant qu'une majorité. En même temps qu'elle prononce la dissolution, l'assemblée doit penser à nommer un liquidateur, qui peut être un associé ou le gérant. La société ne perd pas immédiatement la personnalité morale. Elle la conserve pour les besoins de la liquidation.

* L'acte de dissolution et de nomination du liquidateur doit être enregistré au droit fixe de 375 euros (porté à 500 euros lorsque la société a un capital social d'au moins 225 000 euros) et faire l'objet d'une publication dans un journal d'annonces légales, dans le délai d'un mois. Il est ensuite déposé au greffe du tribunal de commerce, en deux exemplaires. Le greffier procède à une inscription modificative au registre du commerce et des sociétés.

B. La fin accidentelle : nullité, désaccord, faillite...

294 – Causes accidentelles. L'article 1844-7 du Code civil énumère des raisons autres que naturelles mettant fin à la société : l'annulation du contrat de société ; la dissolution anticipée prononcée par le tribunal à la demande d'un associé ; la dissolution anticipée prononcée par le tribunal en cas de réunion de toutes les parts en une seule main ; un jugement ordonnant la liquidation judiciaire.

295 – Nullité pour vice grave. La disparition d'une société pour cause de nullité est exceptionnelle. Cette sanction suprême ne s'applique qu'aux fautes les plus graves : par exemple, la tromperie d'un associé dont le consentement a été vicié lors de la signature des statuts ; la fixation d'un objet social illicite ; l'absence de tout apport à la société…

* Tout intéressé, y compris le ministère public, représentant de l'État, peut engager une action en nullité pour ces motifs (article 1839 du Code civil). Lorsque la nullité est prononcée, la société cesse d'exister et doit être dissoute (article 1844-15 du Code civil).

* La société peut toutefois réparer certaines erreurs : « *L'action en nullité est éteinte lorsque la cause de la nullité a cessé d'exister le jour où le tribunal statue sur le fond en première instance, sauf si cette nullité est fondée sur l'illicéité de l'objet social* », dit l'article 1844-11 du Code civil. La loi laisse même au juge une grande latitude pour favoriser l'extinction d'une cause de nullité plutôt que de prononcer l'annulation de la société (articles 1844-12 et 1844-13 du Code civil).

296 – Défauts mineurs. En dehors des cas limités de vices graves, les clauses des statuts contraires à la loi sont simplement réputées non écrites : on n'en tient pas compte et on applique, à leur place, les dispositions prévues par la loi. Quant aux irrégularités plus bénignes commises dans l'administration de la société, dans l'accomplissement des formalités ou à l'occasion de modifications statutaires, elles peuvent être régularisées à la demande de toute personne concernée.

À NOTER — **297** – La menace de recours est limitée dans le temps. En effet, l'action en justice aux fins de nullité ou de régularisation se prescrit par trois ans. Elle est portée devant le tribunal de grande instance dans le ressort duquel est situé le siège social de la société.

298 – Désaccord d'un associé. À condition d'invoquer un « juste motif », précise l'article 1844-7 du Code civil, tout associé peut demander au tribunal la dissolution anticipée de la société. Parmi les raisons valables figurent la mésentente entre les associés paralysant le fonctionnement de la société, ainsi que l'inexécution de ses obligations par un associé. Ce droit reconnu aux associés est absolu. Les statuts ne pourraient les en priver. De même, les statuts ne peuvent pas priver un associé de son droit de retrait (voir n° 301).

299 – Associé unique. À la suite de rachats ou d'un retrait (voir n° 301), il arrive qu'un associé se retrouve en possession de l'intégralité des parts constituant le capital social. « *La réunion de toutes les parts sociales en une seule main n'entraîne pas la dissolution de plein droit de la société* », précise l'article 1844-5 du Code civil. Mais elle ne peut exister durablement avec un seul associé.

- La société doit régulariser sa situation au plus vite sauf à encourir la dissolution, comme le prévoit l'article 1844-5 : « *Tout intéressé peut demander cette dissolution si la situation n'a pas été régularisée dans le délai d'un an. Le tribunal peut accorder à la société un délai maximal de six mois pour régulariser la situation. Il ne peut prononcer la dissolution si, au jour où il statue sur le fond, cette régularisation a eu lieu.* »

- De son côté, l'associé unique peut, à tout moment, dissoudre la société par déclaration au greffe du tribunal de commerce. Il lui faut ensuite procéder aux opérations de liquidation.

300 – Faillite de la société. Une SCI peut faire de mauvaises affaires. C'est le cas, par exemple, quand ses immeubles ne se louent pas, alors que continuent de courir les charges et les échéances de prêts. Certes, elle peut vendre ses biens, mais à condition d'en tirer un prix suffisant pour couvrir le solde des crédits à rembourser. La conjoncture immobilière ne le permet pas toujours.

- À moins d'un apport en compte courant de la part des associés, la SCI va se trouver en cessation de paiements, l'obligeant à déposer son bilan. Elle est alors traitée comme une société commerciale. Le tribunal lui applique les dispositions du Code de commerce relatives au redressement et à la liquidation judiciaire des entreprises.

- Si le tribunal estime que la situation de la société a été obérée par une faute de gestion, il peut obliger le gérant à rembourser les créanciers sur ses deniers personnels (action en comblement de passif de l'article L. 624-3 du Code de commerce).

301 – Cas pratique
L'exercice de son droit de retrait par un associé

À défaut de pouvoir céder ses parts ou d'obtenir la dissolution de la société, tout associé a le droit de se retirer de la société, totalement ou partiellement. Cette faculté lui est reconnue par l'article 1869 du Code civil et aucune disposition statutaire ne peut l'en priver.

Les statuts peuvent seulement aménager les conditions d'exercice de ce droit de retrait, par exemple en prévoyant une durée minimale de présence dans la société pour pouvoir y prétendre. La demande de retrait est soumise au vote des associés. La décision est prise à l'unanimité, si les statuts n'en disposent pas autrement. En cas de refus des autres associés, *« ce retrait peut également être autorisé pour justes motifs par une décision de justice »*, précise l'article 1869. L'associé qui se retire a droit au remboursement de la valeur de ses parts, fixée à l'amiable ou, faute d'accord, par recours à l'expertise. La société peut également décider de lui attribuer un bien de l'actif social en paiement de ses droits.

C. La liquidation de la société

302 – Nomination d'un liquidateur. Sauf fusion ou absorption, « *la dissolution de la société entraîne sa liquidation* », dit l'article 1844-8 du Code civil. Les modalités de liquidation sont précisées aux articles 9 à 14 du décret n° 78-704 du 3 juillet 1978. Dans le cas où ni les statuts ni l'assemblée de dissolution n'ont nommé un liquidateur, il appartient à toute personne concernée d'en faire désigner un par le tribunal de grande instance, statuant sur requête (article 9 du décret de 1978).

- Le liquidateur dispose de trois ans pour accomplir les opérations de liquidation : vente des biens de la société, paiement des créanciers, partage de l'actif net restant entre les associés… Passé ce délai de trois ans, le ministère public ou tout intéressé peut saisir le tribunal, qui fait procéder à la liquidation ou, si celle-ci a été commencée, à son achèvement.

- La mention « société en liquidation » et le nom du liquidateur doivent figurer sur tous les actes et documents émanant de la société et destinés aux tiers, notamment sur toutes lettres, factures, annonces et publications diverses (article 13 du décret de 1978). À l'égard des associés, le liquidateur doit rendre compte de sa gestion au moins une fois par an.

303 – Formalités. Avant de procéder au partage, le liquidateur établit un compte de liquidation qui doit être approuvé par les associés. En même temps que l'approbation, les associés prononcent la clôture de la liquidation. Un avis de clôture est publié dans un journal d'annonces légales, tandis que le compte définitif de liquidation et son approbation sont déposés au greffe du tribunal de commerce. Le greffier procède alors à la radiation de la société au registre du commerce et des sociétés et aux formalités de publicité au BODACC (article 14 du décret de 1978).

304 – PARTAGE DE L'ACTIF SOCIAL. « *Après paiement des dettes et remboursement du capital social, le partage de l'actif est effectué entre les associés dans les mêmes proportions que leur participation aux bénéfices, sauf clause ou convention contraire* », dit l'article 1844-9 du Code civil. Ce texte envisage aussi la possibilité, pour un associé, de reprendre le ou les biens qu'il a apportés, en payant une soulte si sa valeur a augmenté entre-temps.

> **À NOTER**
>
> **305** – Le maintien en indivision est prévu par l'article 1844-9 : « *Tous les associés, ou certains d'entre eux seulement, peuvent aussi demeurer dans l'indivision pour tout ou partie des biens sociaux. Leurs rapports sont alors régis, à la clôture de la liquidation, en ce qui concerne ces biens, par les dispositions relatives à l'indivision.* »

306 – IMPÔTS DUS SUR LE PARTAGE. Il est nécessaire de faire la distinction entre les biens acquis par la société elle-même au cours de son existence et ceux qu'elle a reçus en apport, lors de sa création ou à l'occasion d'une augmentation de capital.

- Les « acquêts sociaux », c'est-à-dire les sommes d'argent ainsi que les biens mobiliers et immobiliers provenant de l'activité de la société, sont taxés au droit de partage à 2,5 % depuis le 1er janvier 2012, contre 1,1 % auparavant (nouvel article 746 du Code général des impôts). Ce droit est calculé sur l'actif net partagé. Il n'est pas dû sur les sommes pouvant encore figurer sur les comptes courants des associés lorsque ces fonds constituent des prêts.

En revanche, s'ils proviennent d'une distribution de bénéfices, le droit de partage est dû.

- Les biens immobiliers provenant d'apports ne supportent que la taxe de publicité foncière au taux de 0,6 % s'ils sont restitués à leur apporteur. Mais s'ils sont attribués à un autre associé que l'apporteur d'origine, l'attribution vaut vente et est taxée comme telle : en principe, au droit d'enregistrement à 5,80 %.

- Est également taxée au droit de 5,80 % la soulte payée par un associé afin d'indemniser ses coassociés lorsqu'il est attributaire d'un bien immobilier dont la valeur est supérieure à ses droits sociaux.

À NOTER — **307** – L'attribution d'un bien immobilier par la société à un associé constitue une mutation de propriété soumise aux formalités de publicité foncière. Le partage doit donc faire l'objet d'un acte notarié.

ANNEXES

© Groupe Eyrolles

ANNEXE 1

Exemple de statuts d'une SCI de location

Société civile immobilière Martin- 17-Juin

Les soussignés :

- Monsieur François, Paul, Charles MARTIN, professeur de faculté, né le 4 avril 1952 à Versailles (Yvelines), marié sans contrat avec Madame Anne-Marie DUCHEMIN, ci-après nommée, le 5 septembre 1978 à Versailles, demeurant ensemble à Saint-Germain-en-Laye (Yvelines), 17, avenue du Maréchal-Juin.

- Madame Anne-Marie, Josette, Célestine DUCHEMIN, assistante de direction, née le 26 octobre 1951 à Tours (Indre-et-Loire), épouse de Monsieur François MARTIN, susnommé, avec lequel elle demeure à l'adresse indiquée ci-dessus,

- Madame Béatrice, Marie MARTIN, cadre commercial, née le 2 octobre 1979 à Versailles (Yvelines), mariée sans contrat le 21 juin 1996 avec Monsieur Pascal LEVASSEUR, avec lequel elle demeure à Paris XVe, 21, square des Violettes.

Ont établi ainsi qu'il suit les statuts de la société devant exister entre eux et toute autre personne pouvant acquérir la qualité d'associé.

Article 1. *Forme*

Il est formé une société civile régie par les articles 1832 et suivants du Code civil, par tous textes qui viendraient à les modifier ou à les compléter et par les présents statuts.

Article 2. *Objet*

La société a pour objet l'acquisition par voie d'achat ou d'apport, la propriété, la mise en valeur, la transformation, la construction, l'aménagement, la gestion et plus généralement l'exploitation par bail, location ou tout autre forme d'immeubles ou de biens et droits immobiliers que la société se propose d'acquérir, ainsi que de tous biens et droits pouvant en constituer l'accessoire, l'annexe ou le complément.

Et ce, soit au moyen de ses capitaux propres soit en ayant recours à l'emprunt, assorti ou non de garanties.

Et, plus généralement, toutes opérations financières, mobilières ou immobilières de caractère purement civil et se rattachant à l'objet social.

Article 3. *Dénomination sociale*

La société prend la dénomination de SCI Martin-17-Juin. Dans tous les actes et documents émanant de la société et destinés aux tiers, cette dénomination doit être suivie du capital social, du siège social, du numéro SIREN et de la mention RCS suivi du nom de la ville du greffe auprès duquel la société est immatriculée.

Article 4. *Durée*

La société est constituée pour une durée de quatre-vingt-dix-neuf ans à compter de son immatriculation au registre du commerce et des sociétés compétent, sauf prorogation ou dissolution anticipée. La société sera dissoute dans tous les cas prévus par l'article 1844-7 du Code civil et par la décision collective des associés prise à cet effet à la majorité exigée pour la modification des statuts.

Article 5.Siège social

Le siège de la société est fixé à Saint-Germain-en-Laye (Yvelines), 17, avenue du Maréchal-Juin, au domicile de la gérance. Ce siège ne pourra être transféré que sur décision des associés. Cependant, si le siège est transféré dans la même commune ou le même département, cette décision pourra être prise par la gérance qui, dans ce cas, est habilitée à modifier les statuts en conséquence.

Article 6.Apports

Les apports faits par les associés sont les suivants :

* Monsieur François MARTIN apporte à la société une somme en numéraire de 75 000 euros.

* Madame Anne-Marie MARTIN apporte à la société une somme en numéraire de 75 000 euros.

* Madame Béatrice LEVASSEUR apporte à la société une somme en numéraire de 1 000 euros. Madame Béatrice LEVASSEUR déclare que la somme apportée par elle provient de deniers de la communauté existant entre elle et son conjoint. Ce dernier n'étant pas intéressé pour acquérir la qualité d'associé, l'associé apporteur justifie avoir averti son conjoint de cet apport par lettre recommandée avec accusé de réception en date du 6 juillet 2011 et reçue par ce dernier le 8 juillet 2011.

Article 7. Capital social

Le capital social est fixé à la somme totale de 151 000 euros. Il est divisé en 1 510 parts sociales de 100 euros chacune, numérotées de 1 à 1 510 et attribuées de la manière suivante :

- Monsieur François MARTIN, 750 parts numérotées de 1 à 750.
- Madame Anne-Marie MARTIN, 750 parts numérotées de 751 à 1 500.
- Madame Béatrice LEVASSEUR, 10 parts numérotées de 1 501 à 1 510.

Article 8. Libération du capital

Apports en nature. À la souscription du capital initial ou à l'occasion d'une augmentation de capital, les apports en nature doivent être immédiatement et intégralement libérés par la mise à disposition effective du ou des biens apportés à la société.

Apports en numéraire. Les souscripteurs doivent verser à la société le montant de leurs apports à première demande de la gérance, soit entièrement, soit au fur et à mesure des appels de fonds qui seront lancés par la gérance.

S'ils ne sont pas exigés immédiatement à la souscription du capital, les apports devront être libérés dans les huit jours suivant les appels de fonds, qui seront faits soit par lettre recommandée avec accusé de réception, soit par remise en main propre contre récépissé. À défaut du règlement à la date prévue, les sommes appelées deviendront automatiquement productives d'intérêt au taux légal, sans préjudice des autres recours de la société.

Les appels de fonds pourront être effectués par compensation avec une créance liquide et exigible de l'associé sur la société, notamment celles figurant sur les comptes courants des associés.

Article 9.Augmentation du capital

Le capital social pourra être augmenté, en une ou plusieurs fois, par décision de l'assemblée générale. Cette augmentation pourra avoir lieu soit au moyen d'apports nouveaux en numéraire ou en nature, soit au moyen d'une capitalisation de réserves ou de bénéfices. En cas d'apports nouveaux en numéraire, ceux-ci pourront être libérés par compensation avec des créances liquides et exigibles sur la société. Lors de la décision d'augmenter le capital social, la collectivité des associés devra décider si cette augmentation aura lieu par élévation de la valeur nominale des parts ou par création de parts nouvelles. Les attributaires de parts nouvelles, s'ils ne sont pas déjà associés, devront être formellement agréés par les associés.

Droit préférentiel de souscription. En cas d'augmentation de capital par voie d'apport en numéraire, chaque associé aura le droit de souscrire aux parts nouvelles à proportion du nombre de parts qu'il possède déjà. Ce droit préférentiel de souscription est exercé dans les conditions fixées par la gérance sans toutefois que le délai laissé aux associés pour souscrire, ou pour proposer un souscripteur cessionnaire de leurs droits à souscription, soit inférieur à quinze jours.

En cas de rompus, les associés disposant d'un nombre de parts anciennes insuffisant pour souscrire un nombre entier de parts nouvelles doivent faire leur affaire personnelle de toute acquisition ou cession de droits préférentiels de souscription. Le droit de souscription attaché aux parts anciennes peut être cédé dans les conditions prévues à l'article 1690 du Code civil et dans le respect des dispositions prévues aux articles 15 et 16 des présents statuts.

Toute décision des associés visant la renonciation, totale ou partielle, au droit préférentiel de souscription doit être prise à l'unanimité des associés.

Article 10. Réduction du capital

L'assemblée générale peut également décider de réduire le capital social. Cette réduction pourra avoir lieu par remboursement ou rachat de parts, par réduction de leur montant nominal ou de leur nombre. Ainsi, la décision des associés acceptant le retrait d'un associé ou celle refusant d'agréer les héritiers ou légataires d'un associé décédé vaut réduction du capital social par annulation des parts concernées, sauf rachat partiel ou total par les associés ou toute autre personne par eux désignée. La gérance a tous pouvoirs pour régulariser l'opération et la rendre opposable aux tiers.

Article 11. Titre des associés

Les parts sociales ne peuvent pas être représentées par des titres négociables. Le titre de chaque associé résultera seulement des présentes, des actes qui pourraient modifier le capital social et des cessions qui seraient ultérieurement consenties. Une copie ou un extrait de ces actes, certifié par un gérant, sera délivré à chacun des associés sur sa demande et à ses frais.

Article 12. Droits et obligations des associés

Droit sur les bénéfices, les réserves et le boni de liquidation. Outre le droit au remboursement du capital, non déjà amorti, qu'elle représente, chaque part sociale donne droit dans la répartition des bénéfices, des réserves et du boni de liquidation à une part proportionnelle à la quotité du capital qu'elle représente. Si une part est grevée d'un usufruit, l'usufruitier a droit aux bénéfices, et le nu-propriétaire a droit à la réserve et au boni de liquidation.

Droit d'intervention dans la vie sociale. Tout associé peut participer aux décisions collectives et y voter. Chaque part sociale donne droit à une voix. Si une part est grevée d'un usufruit, le droit de vote appartient au nu-propriétaire pour toutes les décisions prises en assemblée générale extraordinaire et à l'usufruitier pour toutes les décisions prises en assemblée générale ordinaire.

Obligation au passif. Le propriétaire d'une part sociale est indéfiniment responsable des dettes sociales à l'égard des tiers, mais à proportion seulement de cette part dans le capital social. Tout associé a l'obligation de répondre aux appels de fonds lancés par la gérance et qui seront destinés soit à libérer le capital social, soit à réaliser l'objet social. Les obligations attachées aux parts les suivent dans quelque main qu'elles passent. La propriété d'une part emporte, de plein droit, adhésion aux statuts et aux décisions régulièrement prises par les associés et la gérance.

Article 13. Indivisibilité des parts

Chaque part est indivisible à l'égard de la société. Les propriétaires indivis sont tenus de se faire représenter auprès de la société par un seul d'entre eux ou par un mandataire commun pris parmi les associés. En cas de désaccord, le mandataire sera désigné en justice à la demande du plus diligent.

Article 14. Faillite d'un associé

S'il y a déconfiture, faillite personnelle, liquidation des biens ou règlement judiciaire atteignant l'un des associés et à moins que les autres ne décident de dissoudre la société par anticipation, il est procédé au remboursement des droits sociaux de l'intéressé, lequel perdra alors la qualité d'associé ; la valeur des droits sociaux est déterminée conformément à l'article 1843-4 du Code civil.

Article 15. Cession entre vifs des parts

Toute cession de parts doit être constatée par écrit, soit par acte sous seing privé enregistré, soit par acte notarié. Les cessions de parts sociales seront opposables à la société soit après signification par acte d'huissier, soit après l'acceptation par la société dans un acte notarié.

Article 16. Agrément des cessions

Les cessions de parts sociales sont libres entre associés. Toutes les autres cessions sont soumises à agrément. À l'effet d'obtenir cet agrément, l'associé qui envisage de céder ses parts devra notifier le projet de cession à la société et à chacun de ses associés, indiquant le nombre de parts à céder, les nom, prénoms, nationalité, profession et domicile du cessionnaire proposé et le prix proposé. Cette notification sera faite soit sous forme de lettre recommandée avec avis de réception, soit sous forme d'acte extrajudiciaire, soit enfin par remise en main propre contre récépissé.

Dans les quinze jours de la notification du projet de cession à la société, la gérance devra consulter les associés par écrit à l'effet d'obtenir cet agrément. Dans les quinze jours de l'envoi de cette lettre, chaque associé, à l'exception du cédant, devra faire connaître, sous forme de lettre recommandée avec avis de réception, ou remise au gérant contre récépissé, s'il accepte ou non cet agrément et, dans la négative, le nombre de parts qu'il se propose d'acquérir. À défaut d'une réponse dans les quinze jours, l'agrément est acquis tacitement.

L'agrément sera obtenu par décision unanime des associés. La décision des associés ne sera pas motivée et la gérance la notifiera à l'associé cédant par lettre recommandée avec avis de réception, ou remise en main propre contre récépissé, dans le mois de la demande.

Article 17. Décès d'un associé

Le décès d'un associé n'entraînera pas la dissolution de la société mais les héritiers ou les légataires auxquels seront dévolues les parts devront solliciter l'agrément des associés dans les conditions prévues à l'article 14 des statuts.

Article 18. Donation de parts sociales

Les parts sociales sont librement transmissibles par donation entre ascendants et descendants. La donation à une personne autre qu'un ascendant ou un descendant reste soumise à l'agrément dans les conditions fixées par les articles 15 et 16 des statuts.

Article 19. Époux communs en biens

L'époux commun en biens qui apporte à la société un bien commun doit justifier de l'avis donné à son conjoint, un mois à l'avance, par lettre recommandée avec accusé de réception. Seul aura la qualité d'associé l'époux qui effectue l'apport. Toutefois, la qualité d'associé pour la moitié des parts souscrites est également reconnue au conjoint de l'apporteur si celui-ci signifie à la société sa volonté d'être personnellement associé. Si cette volonté est manifestée lors de l'apport, l'acceptation ou l'agrément de la société vaut pour les deux époux ; dans les autres cas, il sera fait application des articles 15 et 16 des présents statuts.

Article 20. Retrait d'un associé

Tout associé peut se retirer totalement ou partiellement de la société avec l'accord unanime des associés, ou par décision du président du tribunal de grande instance statuant en référé et autorisant le retrait pour justes motifs.

Article 21.Administration de la société

Nomination du gérant et durée d'exercice de ses fonctions. La société est gérée et administrée par une ou plusieurs personnes physiques ou morales, associées ou non, nommées avec ou sans limitation de durée par la collectivité des associés représentant plus de la moitié des parts sociales. Le premier gérant de la société nommé pour une durée illimitée est Monsieur François MARTIN, ici présent, qui déclare accepter ses fonctions.

Démission. Un gérant peut démissionner à la clôture d'un exercice, à charge pour lui de notifier à chacun des associés (et, le cas échéant, aux autres gérants) son intention au moins trois mois avant la clôture de l'exercice social. Cette démission ne prendra effet qu'au jour de cette clôture.

Révocation. Tout gérant pourra être révoqué suivant décision des associés représentant plus de la moitié des parts sociales. Si cette révocation a lieu sans juste motif, elle pourra donner lieu à des dommages-intérêts. Les gérants sont également révocables par les tribunaux pour cause légitime, à la demande de tout associé.

Pouvoirs du gérant. Dans les rapports entre associés, le gérant peut accomplir tous les actes de gestion que demande l'intérêt de la société. Dans les rapports avec les tiers, il engage la société par les actes entrant dans l'objet social.

Décisions collectives. Une décision collective peut prendre la forme d'une consultation écrite, prévue à l'article 22 des présents statuts, ou d'une assemblée générale, prévue à l'article 23 des présents statuts. Elle peut également résulter d'un consentement de tous les associés exprimé dans un acte authentique ou sous seing privé.

Article 22. Consultation écrite

En cas de consultation écrite, la gérance envoie à chaque associé, à son dernier domicile connu, par lettre recommandée avec avis de réception, le texte des résolutions proposées, accompagné du rapport de la gérance et des documents nécessaires à l'information des associés. Si les associés sont consultés par écrit, la gérance notifie en double exemplaire, à chaque associé, par lettre recommandée avec demande d'avis de réception, le texte du projet de chaque résolution ainsi que les documents nécessaires à l'information des associés. Chaque associé devra retourner un exemplaire daté et signé de chaque résolution en indiquant pour chacune d'elle « adoptée » ou « rejetée ». À défaut de ces mentions, ou en l'absence de réponse dans le délai prévu, l'associé est réputé s'être abstenu. Chaque associé dispose d'un délai maximal de quinze jours à compter de la date de réception des documents nécessaires à son information pour émettre son vote. En cas de consultation écrite, les procès-verbaux sont tenus de la même manière que lorsqu'il s'agit de décisions prises en assemblée ; toutefois, il y est mentionné que la consultation a été effectuée par écrit. La réponse de chaque associé est annexée à ce procès-verbal.

Article 23. Assemblées générales

Convocation, ordre du jour. Les assemblées générales sont convoquées par la gérance, à son initiative ou sur demande d'un associé, formulée par lettre recommandée, portant sur une question déterminée. Un ou plusieurs associés détenant au moins le quart des parts sociales peuvent également demander la réunion d'une assemblée générale.

Les convocations sont adressées aux associés par lettres recommandées au moins quinze jours avant la date fixée pour la tenue de l'assemblée. La convocation indique l'ordre du jour et le lieu de la réunion.

Pour le cas où les formalités et les délais de convocation n'ont pas été respectés, l'assemblée générale sera néanmoins valablement tenue si tous les associés sont présents et émargent la feuille de présence.

Communication, projet de résolutions. Dès la convocation, la gérance doit tenir à la disposition des associés, au siège social de la société, le texte des résolutions soumises au vote de l'assemblée ainsi que tous les documents nécessaires à leur information. Les associés peuvent en prendre connaissance ou en faire copie. Ils peuvent également demander que ces documents leur soient adressés par lettre simple ou, à leurs frais, en recommandé.

Décisions ordinaires. Les décisions ordinaires sont essentiellement des décisions de gestion. Elles concernent, d'une manière générale, toutes les questions qui n'emportent pas modification des statuts ainsi que la nomination des gérants ou leur révocation même si leur nom figure dans les statuts. Les comptes sociaux sont approuvés annuellement par décision ordinaire. Les décisions ordinaires doivent être adoptées par un ou plusieurs associés représentant plus de la moitié du capital social.

Décisions extraordinaires. Les décisions extraordinaires concernent la modification des statuts. Les décisions extraordinaires ne pourront être valablement prises que si elles sont adoptées par un ou plusieurs associés représentant les deux tiers au moins du capital social.

Tenue des assemblées. L'assemblée est présidée par le gérant ou l'un d'eux. À défaut, elle élit son président. Une assemblée convoquée par l'un des associés est présidée par celui-ci. Le bureau de l'assemblée est complété par deux scrutateurs, qui sont les deux associés présents et acceptants disposant du plus grand nombre de parts. Le secrétariat est soit assuré par la gérance, soit confié à une autre personne, associée ou non, désignée par le bureau. L'assemblée ne peut pas délibérer sur une question qui n'est pas inscrite à l'ordre du jour.

Procès-verbal. Les délibérations des assemblées générales sont constatées dans des procès-verbaux établis sur un registre spécial tenu au siège social de la société. Ce registre doit être coté et paraphé soit par un juge du tribunal de commerce ou d'instance, soit par le maire ou un adjoint au maire de la commune du siège de la société.

Le procès-verbal rédigé à l'issue d'une assemblée indique la date et le lieu de la réunion, le mode de convocation, le nom et prénom du président de séance, la composition du bureau, l'ordre du jour, les noms et prénoms des associés qui y ont participé, en distinguant la présence personnelle et la représentation, ainsi que le nombre de parts détenues par chacun.

Il indique également les documents et rapports soumis à l'assemblée, le texte des résolutions mises aux voix, un résumé des débats et le résultat des votes. Il est signé par le président de l'assemblée et par le ou les gérants de la société.

Article 24. Droit de communication

Les associés ont le droit d'obtenir, au moins une fois l'an, communication des livres et documents sociaux. Également une fois l'an, chaque associé peut poser toutes questions écrites concernant la gestion de la société au gérant de celle-ci, qui devra répondre dans le délai d'un mois.

Article 25. Exercice social

Chaque exercice social commencera le 1er janvier et finira le 31 décembre de chaque année. Exceptionnellement, le premier exercice social commencera à compter de l'immatriculation de cette société au registre du commerce et des sociétés compétent et finira le 31 décembre de l'année d'immatriculation.

Article 26. Comptes sociaux

La gérance doit tenir une comptabilité claire et précise. À la clôture de chaque exercice social, elle dressera un bilan financier de l'année écoulée qu'elle soumettra à l'approbation de l'assemblée générale. La collectivité des associés sera appelée à statuer sur ces comptes et sur l'affectation du résultat.

Bénéfices. Ils sont distribués sous forme de dividendes proportionnellement au nombre de parts possédées par chacun d'eux. Avant toute distribution, les associés peuvent décider de prélever toutes sommes pour les porter à tous fonds de réserves ou encore pour les reporter à nouveau. En outre, les associés peuvent décider la mise en distribution de sommes prélevées sur les réserves disponibles. En ce cas, la décision indique expressément les postes de réserve sur lesquels les prélèvements sont effectués. Les modalités de mise en paiement des sommes distribuées sont fixées par les associés ou, à défaut, par la gérance.

Pertes. Les pertes, s'il en existe, s'imputent d'abord sur les bénéfices non encore répartis, ensuite sur les réserves, puis sur le capital ; le solde, s'il y a lieu, est supporté par les associés proportionnellement à leurs parts sociales.

Article 27. *Compte courant*

Chaque associé pourra faire des avances en compte courant à la société avec le consentement de la gérance. Cette avance sera faite pour une durée et moyennant un intérêt fixés par la gérance. Toutefois, si l'avance en compte courant est faite par le gérant unique, l'accord, concernant l'ouverture de ce compte, la durée et l'intérêt, sera obtenu auprès de la collectivité des associés statuant en décision ordinaire. Les avances en compte courant pourront également être faites pour une durée indéterminée. Dans cette hypothèse, le délai de préavis de demande de remboursement de tout ou partie du compte courant est fixé à une année sauf décision contraire de la collectivité des associés statuant en décision ordinaire.

Article 28. *Dissolution*

La dissolution de la société entraîne sa liquidation sauf les cas de fusion ou de scission. La liquidation est faite par un ou plusieurs liquidateurs pris parmi les associés, ou en dehors d'eux, et nommés par décision ordinaire des associés, ou, à défaut, par ordonnance du président du tribunal de grande instance statuant sur requête de tout intéressé. Le liquidateur, ou chacun d'eux s'ils sont plusieurs, représente la société. Il a les pouvoirs les plus étendus pour réaliser l'actif et acquitter le passif. Le produit net de la liquidation, après l'extinction du passif et des charges sociales et le remboursement aux associés du montant nominal non amorti de leurs parts sociales, est partagé entre les associés proportionnellement au nombre de leurs parts.

Article 29. *Personnalité morale*

Cette société ne jouira de la personnalité morale qu'à compter de son enregistrement au registre du commerce et des sociétés. Jusqu'à cette date, les rapports entre associés seront régis par ce contrat de société et par les principes généraux du droit applicables aux contrats et obligations. Toutes les dispositions de ce contrat seront applicables immédiatement dans les rapports entre associés. Toutefois, tout acte ayant pour objet ou pour effet de modifier le contenu de ces statuts devra être soumis à l'accord unanime des associés tant que la société n'est pas immatriculée.

Article 30. Contestations

Toute contestation qui pourrait s'élever pendant la durée de la société ou lors de la liquidation entre associés, relativement aux affaires sociales, sera soumise au tribunal de grande instance territorialement compétent.

Article 31. Pouvoirs

Les associés donnent tous pouvoirs au gérant à l'effet d'accomplir, à sa diligence et sous sa responsabilité, toutes les formalités faisant suite aux présentes.

Fait en quatre exemplaires, à Saint-Germain-en-Laye, le 3 décembre 2015.

ANNEXE 2

Articles 1832 à 1870-1 du Code civil

Article 1832. La société est instituée par deux ou plusieurs personnes qui conviennent par un contrat d'affecter à une entreprise commune des biens ou leur industrie en vue de partager le bénéfice ou de profiter de l'économie qui pourra en résulter. Elle peut être instituée, dans les cas prévus par la loi, par l'acte de volonté d'une seule personne.

Les associés s'engagent à contribuer aux pertes.

Article 1832-1. Même s'ils n'emploient que des biens de communauté pour les apports à une société ou pour l'acquisition de parts sociales, deux époux seuls ou avec d'autres personnes peuvent être associés dans une même société et participer ensemble ou non à la gestion sociale.

Les avantages et libéralités résultant d'un contrat de société entre époux ne peuvent être annulés parce qu'ils constitueraient des donations déguisées, lorsque les conditions en ont été réglées par un acte authentique.

Article 1832-2. Un époux ne peut, sous la sanction prévue à l'article 1427, employer des biens communs pour faire un apport à une société ou acquérir des parts sociales non négociables sans que son conjoint en ait été averti et sans qu'il en soit justifié dans l'acte. La qualité d'associé est reconnue à celui des époux qui fait l'apport ou réalise l'acquisition.

La qualité d'associé est également reconnue, pour la moitié des parts souscrites ou acquises, au conjoint qui a notifié à la société son intention d'être personnellement associé. Lorsqu'il notifie son intention lors de l'apport ou de l'acquisition, l'acceptation ou l'agrément des associés vaut pour les deux époux. Si cette notification est postérieure à l'apport ou à l'acquisition, les clauses d'agrément prévues à cet effet par les statuts sont opposables au conjoint ; lors de la délibération sur l'agrément, l'époux associé ne participe pas au vote et ses parts ne sont pas prises en compte pour le calcul du quorum et de la majorité. Les dispositions du présent article ne sont applicables que dans les sociétés dont les parts ne sont pas négociables et seulement jusqu'à la dissolution de la communauté.

Article 1833. Toute société doit avoir un objet licite et être constituée dans l'intérêt commun des associés.

Article 1834. Les dispositions du présent chapitre sont applicables à toutes les sociétés s'il n'en est autrement disposé par la loi en raison de leur forme ou de leur objet.

Article 1835. Les statuts doivent être établis par écrit. Ils déterminent, outre les apports de chaque associé, la forme, l'objet, l'appellation, le siège social, le capital social, la durée de la société et les modalités de son fonctionnement.

Article 1836. Les statuts ne peuvent être modifiés, à défaut de clause contraire, que par accord unanime des associés.

En aucun cas, les engagements d'un associé ne peuvent être augmentés sans le consentement de celui-ci.

Article 1837. Toute société dont le siège est situé sur le territoire français est soumise aux dispositions de la loi française.

Les tiers peuvent se prévaloir du siège statutaire, mais celui-ci ne leur est pas opposable par la société si le siège réel est situé en un autre lieu.

Article 1838. La durée de la société ne peut excéder quatre-vingt-dix-neuf ans.

Article 1839. Si les statuts ne contiennent pas toutes les énonciations exigées par la législation ou si une formalité prescrite par celle-ci a été omise ou irrégulièrement accomplie, tout intéressé est recevable à demander en justice que soit ordonnée, sous astreinte, la régularisation de la constitution. Le ministère public peut agir aux mêmes fins (article 10, loi 2009-526 du 12 mai 2009).

Les mêmes règles sont applicables en cas de modification des statuts.

L'action aux fins de régularisation prévue à l'alinéa premier se prescrit par trois ans à compter de l'immatriculation de la société ou de la publication de l'acte modifiant les statuts.

Article 1840. Les fondateurs, ainsi que les premiers membres des organes de gestion, de direction ou d'administration sont solidairement responsables du préjudice causé soit par le défaut d'une mention obligatoire dans les statuts, soit par l'omission ou l'accomplissement irrégulier d'une formalité prescrite pour la constitution de la société. En cas de modification des statuts, les dispositions de l'alinéa précédent sont applicables aux membres des organes de gestion, de direction ou d'administration alors en fonction.

L'action se prescrira par dix ans à compter du jour où l'une ou l'autre, selon le cas, des formalités visées à l'alinéa 3 de l'article 1839 aura été accomplie.

Article 1841. Il est interdit aux sociétés n'y ayant pas été autorisées par la loi de procéder à une offre au public des titres financiers ou d'émettre des titres négociables, à peine de nullité des contrats conclus ou des titres émis.

Article 1842. Les sociétés autres que les sociétés en participation visées au chapitre III jouissent de la personnalité morale à compter de leur immatriculation. Jusqu'à l'immatriculation, les rapports entre les associés sont régis par le contrat de société et par les principes généraux du droit applicable aux contrats et obligations.

Article 1843. Les personnes qui ont agi au nom d'une société en formation avant l'immatriculation sont tenues des obligations nées des actes ainsi accomplis, avec solidarité si la société est commerciale, sans solidarité dans les autres cas. La société régulièrement immatriculée peut reprendre les engagements souscrits, qui sont alors réputés avoir été dès l'origine contractés par celle-ci.

Annexe 2

Article 1843-1. L'apport d'un bien ou d'un droit soumis à publicité pour son opposabilité aux tiers peut être publié dès avant l'immatriculation et sous la condition que celle-ci intervienne. À compter de celle-ci, les effets de la formalité rétroagissent à la date de son accomplissement.

Article 1843-2. Les droits de chaque associé dans le capital social sont proportionnels à ses apports lors de la constitution de la société ou au cours de l'existence de celle-ci.

Les apports en industrie ne concourent pas à la formation du capital social mais donnent lieu à l'attribution de parts ouvrant droit au partage des bénéfices et de l'actif net, à charge de contribuer aux pertes.

Article 1843-3. Chaque associé est débiteur envers la société de tout ce qu'il a promis de lui apporter en nature, en numéraire ou en industrie. Les apports en nature sont réalisés par le transfert des droits correspondants et par la mise à la disposition effective des biens. Lorsque l'apport est en propriété, l'apporteur est garant envers la société comme un vendeur envers son acheteur.

Lorsqu'il est en jouissance, l'apporteur est garant envers la société comme un bailleur envers son preneur. Toutefois, lorsque l'apport en jouissance porte sur des choses de genre ou sur tout autre bien normalement appelés à être renouvelés pendant la durée de la société, le contrat transfère à celle-ci la propriété des biens apportés, à charge d'en rendre une pareille quantité, qualité et valeur ; dans ce cas, l'apporteur est garant dans les conditions prévues à l'alinéa précédent.

L'associé qui devait apporter une somme dans la société et qui ne l'a point fait devient de plein droit et sans demande, débiteur des intérêts de cette somme à compter du jour où elle devait être payée et ce sans préjudice de plus amples dommages-intérêts, s'il y a lieu. En outre, lorsqu'il n'a pas été procédé dans un délai légal aux appels de fonds pour réaliser la libération intégrale du capital, tout intéressé peut demander au président du tribunal statuant en référé soit d'enjoindre sous astreinte aux administrateurs, gérants et dirigeants de procéder à ces appels de fonds, soit de désigner un mandataire chargé de procéder à cette formalité. L'associé qui s'est obligé à apporter son industrie à la société lui doit compte de tous les gains qu'il a réalisés par l'activité faisant l'objet de son apport.

Article 1843-4. Dans tous les cas où sont prévus la cession des droits sociaux d'un associé, ou le rachat de ceux-ci par la société, la valeur de ces droits est déterminée, en cas de contestation, par un expert désigné, soit par les parties, soit à défaut d'accord entre elles, par ordonnance du président du tribunal statuant en la forme des référés et sans recours possible.

Article 1843-5. Outre l'action en réparation du préjudice subi personnellement, un ou plusieurs associés peuvent intenter l'action sociale en responsabilité contre les gérants. Les demandeurs sont habilités à poursuivre la réparation du préjudice subi par la société ; en cas de condamnation, les dommages-intérêts sont alloués à la société.

Est réputée non écrite toute clause des statuts ayant pour effet de subordonner l'exercice de l'action sociale à l'avis préalable ou à l'autorisation de l'assemblée ou qui comporterait par avance renonciation à l'exercice de cette action.

Aucune décision de l'assemblée des associés ne peut avoir pour effet d'éteindre une action en responsabilité contre les gérants pour la faute commise dans l'accomplissement de leur mandat.

Article 1844. Tout associé a le droit de participer aux décisions collectives.

Les copropriétaires d'une part sociale indivise sont représentés par un mandataire unique, choisi parmi les indivisaires ou en dehors d'eux. En cas de désaccord, le mandataire sera désigné en justice à la demande du plus diligent. Si une part est grevée d'un usufruit, le droit de vote appartient au nu-propriétaire, sauf pour les décisions concernant l'affectation des bénéfices, où il est réservé à l'usufruitier.

Les statuts peuvent déroger aux dispositions des deux alinéas qui précèdent.

Article 1844-1. La part de chaque associé dans les bénéfices et sa contribution aux pertes se déterminent à proportion de sa part dans le capital social et la part de l'associé qui n'a apporté que son industrie est égale à celle de l'associé qui a le moins apporté, le tout sauf clause contraire.

Toutefois, la stipulation attribuant à un associé la totalité du profit procuré par la société ou l'exonérant de la totalité des pertes, celle excluant un associé totalement du profit ou mettant à sa charge la totalité des pertes sont réputées non écrites.

Article 1844-2. Il peut être consenti hypothèque ou toute autre sûreté réelle sur les biens de la société en vertu de pouvoirs résultant de délibérations ou délégations établies sous signatures privées alors même que la constitution de l'hypothèque ou de la sûreté doit l'être par acte authentique.

Article 1844-3. La transformation régulière d'une société en une société d'une autre forme n'entraîne pas la création d'une personne morale nouvelle. Il en est de même de la prorogation ou de toute autre modification statutaire.

Article 1844-4. Une société, même en liquidation, peut être absorbée par une autre société ou participer à la constitution d'une société nouvelle, par voie de fusion. Elle peut aussi transmettre son patrimoine par voie de scission à des sociétés existantes ou à des sociétés nouvelles. Ces opérations peuvent intervenir entre des sociétés de forme différente.

Elles sont décidées, par chacune des sociétés intéressées, dans les conditions requises pour la modification de ses statuts.

Si l'opération comporte la création de sociétés nouvelles, chacune de celles-ci est constituée selon les règles propres à la forme de société adoptée.

Article 1844-5. La réunion de toutes les parts sociales en une seule main n'entraîne pas la dissolution de plein droit de la société. Tout intéressé peut demander cette dissolution si la situation n'a pas été régularisée dans le délai d'un an. Le tribunal peut accorder à la société un délai maximal de six mois pour régulariser la situation. Il ne peut prononcer la dissolution si, au jour où il statue sur le fond, cette régularisation a eu lieu.

L'appartenance de l'usufruit de toutes les parts sociales à la même personne est sans conséquence sur l'existence de la société.

En cas de dissolution, celle-ci entraîne la transmission universelle du patrimoine de la société à l'associé unique, sans qu'il y ait lieu à liquidation. Les créanciers peuvent faire opposition à la dissolution dans le délai de trente jours à compter de la publication de celle-ci. Une décision de justice rejette l'opposition ou ordonne soit le remboursement des créances, soit la constitution de garanties si la société en offre et si elles sont jugées suffisantes. La transmission du patrimoine n'est réalisée et il n'y a disparition de la personne morale qu'à l'issue du délai d'opposition ou, le cas échéant, lorsque l'opposition a été rejetée en première instance ou que le remboursement des créances a été effectué ou les garanties constituées.

Les dispositions du troisième alinéa ne sont pas applicables aux sociétés dont l'associé unique est une personne physique.

Article 1844-6. La prorogation de la société est décidée à l'unanimité des associés, ou, si les statuts le prévoient, à la majorité prévue pour la modification de ceux-ci. Un an au moins avant la date d'expiration de la société, les associés doivent être consultés à l'effet de décider si la société doit être prorogée. À défaut, tout associé peut demander au président du tribunal, statuant sur requête, la désignation d'un mandataire de justice chargé de provoquer la consultation prévue ci-dessus.

Article 1844-7. La société prend fin :

1° Par l'expiration du temps pour lequel elle a été constituée, sauf prorogation effectuée conformément à l'article 1844-6 ;

2° Par la réalisation ou l'extinction de son objet ;

3° Par l'annulation du contrat de société ;

4° Par la dissolution anticipée décidée par les associés ;

5° Par la dissolution anticipée prononcée par le tribunal à la demande d'un associé pour justes motifs, notamment en cas d'inexécution de ses obligations par un associé, ou de mésentente entre associés paralysant le fonctionnement de la société ;

6° Par la dissolution anticipée prononcée par le tribunal dans le cas prévu à l'article 1844-5 ;

7° Par l'effet d'un jugement ordonnant la clôture de la liquidation judiciaire pour insuffisance d'actif ;

8° Pour toute autre cause prévue par les statuts.

Article 1844-8. La dissolution de la société entraîne sa liquidation, hormis les cas prévus à l'article 1844-4 et au troisième alinéa de l'article 1844-5. Elle n'a d'effet à l'égard des tiers qu'après sa publication.

Le liquidateur est nommé conformément aux dispositions des statuts. Dans le silence de ceux-ci, il est nommé par les associés ou, si les associés n'ont pu procéder à cette nomination, par décision de justice. Le liquidateur peut être révoqué dans les mêmes conditions. La nomination et la révocation ne sont opposables aux tiers qu'à compter de leur publication. Ni la société ni les tiers ne peuvent, pour se soustraire à leurs engagements, se prévaloir d'une irrégularité dans la nomination ou dans la révocation du liquidateur, dès lors que celle-ci a été régulièrement publiée.

La personnalité morale de la société subsiste pour les besoins de la liquidation jusqu'à la publication de la clôture de celle-ci.

Si la clôture de la liquidation n'est pas intervenue dans un délai de trois ans à compter de la dissolution, le ministère public ou tout intéressé peut saisir le tribunal, qui fait procéder à la liquidation ou, si celle-ci a été commencée, à son achèvement.

Article 1844-9. Après paiement des dettes et remboursement du capital social, le partage de l'actif est effectué entre les associés dans les mêmes proportions que leur participation aux bénéfices, sauf clause ou convention contraire.

Les règles concernant le partage des successions, y compris l'attribution préférentielle, s'appliquent aux partages entre associés.

Toutefois, les associés peuvent valablement décider, soit dans les statuts, soit par une décision ou un acte distinct, que certains biens seront attribués à certains associés. À défaut, tout bien apporté qui se retrouve en nature dans la masse partagée est attribué, sur sa demande, et à charge de soulte s'il y a lieu, à l'associé qui en avait fait l'apport. Cette faculté s'exerce avant tout autre droit à une attribution préférentielle.

Tous les associés, ou certains d'entre eux seulement, peuvent aussi demeurer dans l'indivision pour tout ou partie des biens sociaux. Leurs rapports sont alors régis, à la clôture de la liquidation, en ce qui concerne ces biens, par les dispositions relatives à l'indivision.

Article 1844-10. La nullité de la société ne peut résulter que de la violation des dispositions des articles 1832, 1832-1, alinéa 1er, et 1833, ou de l'une des causes de nullité des contrats en général.

Toute clause statutaire contraire à une disposition impérative du présent titre dont la violation n'est pas sanctionnée par la nullité de la société, est réputée non écrite. La nullité des actes ou délibérations des organes de la société ne peut résulter que de la violation d'une disposition impérative du présent titre ou de l'une des causes de nullité des contrats en général.

Article 1844-11. L'action en nullité est éteinte lorsque la cause de la nullité a cessé d'exister le jour où le tribunal statue sur le fond en première instance, sauf si cette nullité est fondée sur l'illicéité de l'objet social.

Article 1844-12. En cas de nullité d'une société ou d'actes ou délibérations postérieurs à sa constitution, fondée sur un vice de consentement ou l'incapacité d'un associé, et lorsque la régularisation peut intervenir, toute personne, y ayant intérêt, peut mettre en demeure celui qui est susceptible de l'opérer, soit de régulariser, soit d'agir en nullité dans un délai de six mois à peine de forclusion. Cette mise en demeure est dénoncée à la société.

La société ou un associé peut soumettre au tribunal saisi dans le délai prévu à l'alinéa précédent, toute mesure susceptible de supprimer l'intérêt du demandeur notamment par le rachat de ses droits sociaux. En ce cas, le tribunal peut, soit prononcer la nullité, soit rendre obligatoires les mesures proposées si celles-ci ont été préalablement adoptées par la société aux conditions prévues pour les modifications statutaires. Le vote de l'associé dont le rachat des droits est demandé est sans influence sur la décision de la société.

En cas de contestation, la valeur des droits sociaux à rembourser à l'associé est déterminée conformément aux dispositions de l'article 1843-4.

Article 1844-13. Le tribunal, saisi d'une demande en nullité, peut, même d'office, fixer un délai pour permettre de couvrir les nullités. Il ne peut prononcer la nullité moins de deux mois après la date de l'exploit introductif d'instance.

Si, pour couvrir une nullité, une assemblée doit être convoquée, ou une consultation des associés effectuée, et s'il est justifié d'une convocation régulière de cette assemblée ou de l'envoi aux associés du texte des projets de décision accompagné des documents qui doivent leur être communiqués, le tribunal accorde par jugement le délai nécessaire pour que les associés puissent prendre une décision.

Article 1844-14. Les actions en nullité de la société ou d'actes et délibérations postérieurs à sa constitution se prescrivent par trois ans à compter du jour où la nullité est encourue.

Article 1844-15. Lorsque la nullité de la société est prononcée, elle met fin, sans rétroactivité, à l'exécution du contrat. À l'égard de la personne morale qui a pu prendre naissance, elle produit les effets d'une dissolution prononcée par justice.

Article 1844-16. Ni la société ni les associés ne peuvent se prévaloir d'une nullité à l'égard des tiers de bonne foi. Cependant la nullité résultant de l'incapacité ou de l'un des vices du consentement est opposable même aux tiers par l'incapable et ses représentants légaux, ou par l'associé dont le consentement a été surpris par erreur, dol ou violence.

Article 1844-17. L'action en responsabilité fondée sur l'annulation de la société ou des actes et délibérations postérieurs à la constitution se prescrit par trois ans à compter du jour où la décision d'annulation est passée en force de chose jugée.

La disparition de la cause de nullité ne met pas obstacle à l'exercice de l'action en dommages-intérêts tendant à la réparation du préjudice causé par le vice dont la société, l'acte ou la délibération était entaché. Cette action se prescrit par trois ans à compter du jour où la nullité a été couverte.

Article 1845. Les dispositions du présent chapitre sont applicables à toutes les sociétés civiles, à moins qu'il n'y soit dérogé par le statut légal particulier auquel certaines d'entre elles sont assujetties.

Ont le caractère civil toutes les sociétés auxquelles la loi n'attribue pas un autre caractère à raison de leur forme, de leur nature, ou de leur objet.

Article 1845-1. Le capital est divisé en parts égales.

Les dispositions du chapitre Ier du titre III du livre II du Code de commerce relatives au capital variable des sociétés sont applicables aux sociétés civiles.

Article 1846. La société est gérée par une ou plusieurs personnes, associées ou non, nommées soit par les statuts, soit par un acte distinct, soit par une décision des associés.

Les statuts fixent les règles de désignation du ou des gérants et le mode d'organisation de la gérance. Sauf disposition contraire des statuts, le gérant est nommé par une décision des associés représentant plus de la moitié des parts sociales. Dans le silence des statuts, et s'il n'en a été décidé autrement par les associés lors de la désignation, les gérants sont réputés nommés pour la durée de la société. Si, pour quelque cause que ce soit, la société se trouve dépourvue de gérant, tout associé peut demander au président du tribunal statuant sur requête la désignation d'un mandataire chargé de réunir les associés en vue de nommer un ou plusieurs gérants.

Article 1846-1. Hors les cas visés à l'article 1844-7, la société prend fin par la dissolution anticipée que peut prononcer le tribunal à la demande de tout intéressé, lorsqu'elle est dépourvue de gérant depuis plus d'un an.

Article 1846-2. La nomination et la cessation de fonction des gérants doivent être publiées.

Ni la société, ni les tiers ne peuvent, pour se soustraire à leurs engagements, se prévaloir d'une irrégularité dans la nomination des gérants ou dans la cessation de leur fonction, dès lors que ces décisions ont été régulièrement publiées.

Article 1847. Si une personne morale exerce la gérance, ses dirigeants sont soumis aux mêmes conditions et obligations et encourent les mêmes responsabilités, civile et pénale, que s'ils étaient gérants en leur nom propre, sans préjudice de la responsabilité solidaire de la personne morale qu'ils dirigent.

Article 1848. Dans les rapports entre associés, le gérant peut accomplir tous les actes de gestion que demande l'intérêt de la société.

S'il y a plusieurs gérants, ils exercent séparément ces pouvoirs, sauf le droit qui appartient à chacun de s'opposer à une opération avant qu'elle ne soit conclue.

Le tout, à défaut de dispositions des statuts sur le mode d'administration.

Article 1849. Dans les rapports avec les tiers, le gérant engage la société par les actes entrant dans l'objet social.

En cas de pluralité de gérants, ceux-ci détiennent séparément les pouvoirs prévus à l'alinéa précédent. L'opposition formée par un gérant aux actes d'un autre gérant est sans effet à l'égard des tiers, à moins qu'il ne soit établi qu'ils en ont eu connaissance. Les clauses statutaires limitant les pouvoirs des gérants sont inopposables aux tiers.

Article 1850. Chaque gérant est responsable individuellement envers la société et envers les tiers, soit des infractions aux lois et règlements, soit de la violation des statuts, soit des fautes commises dans sa gestion.

Si plusieurs gérants ont participé aux mêmes faits, leur responsabilité est solidaire à l'égard des tiers et des associés. Toutefois, dans leurs rapports entre eux, le tribunal détermine la part contributive de chacun dans la réparation du dommage.

Article 1851. Sauf disposition contraire des statuts le gérant est révocable par une décision des associés représentant plus de la moitié des parts sociales. Si la révocation est décidée sans juste motif, elle peut donner lieu à dommages-intérêts.

Le gérant est également révocable par les tribunaux pour cause légitime, à la demande de tout associé.

Sauf clause contraire, la révocation d'un gérant, qu'il soit associé ou non, n'entraîne pas la dissolution de la société. Si le gérant révoqué est un associé, il peut, à moins qu'il n'en soit autrement convenu dans les statuts, ou que les autres associés ne décident la dissolution anticipée de la société, se retirer de celle-ci dans les conditions prévues à l'article 1869 (2e alinéa).

Article 1852. Les décisions qui excèdent les pouvoirs reconnus aux gérants sont prises selon les dispositions statutaires ou, en l'absence de telles dispositions, à l'unanimité des associés.

Article 1853. Les décisions sont prises par les associés réunis en assemblée. Les statuts peuvent aussi prévoir qu'elles résulteront d'une consultation écrite.

Article 1854. Les décisions peuvent encore résulter du consentement de tous les associés exprimé dans un acte.

Article 1855. Les associés ont le droit d'obtenir, au moins une fois par an, communication des livres et des documents sociaux, et de poser par écrit des questions sur la gestion sociale auxquelles il devra être répondu par écrit dans le délai d'un mois.

Article 1856. Les gérants doivent, au moins une fois dans l'année, rendre compte de leur gestion aux associés. Cette reddition de compte doit comporter un rapport écrit d'ensemble sur l'activité de la société au cours de l'année ou de l'exercice écoulé comportant l'indication des bénéfices réalisés ou prévisibles et des pertes encourues ou prévues.

Article 1857. À l'égard des tiers, les associés répondent indéfiniment des dettes sociales à proportion de leur part dans le capital social à la date de l'exigibilité ou au jour de la cessation des paiements.

L'associé qui n'a apporté que son industrie est tenu comme celui dont la participation dans le capital social est la plus faible.

Article 1858. Les créanciers ne peuvent poursuivre le paiement des dettes sociales contre un associé qu'après avoir préalablement et vainement poursuivi la personne morale.

Article 1859. Toutes les actions contre les associés non liquidateurs ou leurs héritiers et ayants cause se prescrivent par cinq ans à compter de la publication de la dissolution de la société.

Article 1860. S'il y a déconfiture, faillite personnelle, liquidation de biens ou règlement judiciaire atteignant l'un des associés, à moins que les autres unanimes ne décident de dissoudre la société par anticipation ou que cette dissolution ne soit prévue par les statuts, il est procédé, dans les conditions énoncées à l'article 1843-4, au remboursement des droits sociaux de l'intéressé, lequel perdra alors la qualité d'associé.

Article 1861. Les parts sociales ne peuvent être cédées qu'avec l'agrément de tous les associés.

Les statuts peuvent toutefois convenir que cet agrément sera obtenu à une majorité qu'ils déterminent, ou qu'il peut être accordé par les gérants. Ils peuvent aussi dispenser d'agrément les cessions consenties à des associés ou au conjoint de l'un d'eux. Sauf dispositions contraires des statuts, ne sont pas soumises à agrément les cessions consenties à des ascendants ou descendants du cédant.

Le projet de cession est notifié, avec demande d'agrément, à la société et à chacun des associés. Il n'est notifié qu'à la société quand les statuts prévoient que l'agrément peut être accordé par les gérants.

Lorsque deux époux sont simultanément membres d'une société, les cessions faites par l'un d'eux à l'autre doivent, pour être valables, résulter d'un acte notarié ou d'un acte sous seing privé ayant acquis date certaine autrement que par le décès du cédant.

Article 1862. Lorsque plusieurs associés expriment leur volonté d'acquérir, ils sont, sauf clause ou convention contraire, réputés acquéreurs à proportion du nombre de parts qu'ils détenaient antérieurement.

Si aucun associé ne se porte acquéreur, la société peut faire acquérir les parts par un tiers désigné à l'unanimité des autres associés ou suivant les modalités prévues par les statuts. La société peut également procéder au rachat des parts en vue de leur annulation. Le nom du ou des acquéreurs proposés, associés ou tiers, ou l'offre de rachat par la société, ainsi que le prix offert sont notifiés au cédant. En cas de contestation, sur le prix, celui-ci est fixé conformément aux dispositions de l'article 1843-4, le tout sans préjudice du droit du cédant de conserver ses parts.

Article 1863. Si aucune offre d'achat n'est faite au cédant dans un délai de six mois à compter de la dernière des notifications prévues au troisième alinéa de l'article 1861, l'agrément à la cession est réputé acquis, à moins que les autres associés ne décident, dans le même délai, la dissolution anticipée de la société.

Dans ce dernier cas, le cédant peut rendre caduque cette décision en faisant connaître qu'il renonce à la cession dans le délai d'un mois à compter de ladite décision.

Article 1864. Il ne peut être dérogé aux dispositions des deux articles qui précèdent que pour modifier le délai de six mois prévu à l'article 1863 (1er alinéa), et sans que le délai prévu par les statuts puisse excéder un an ni être inférieur à un mois.

Article 1865. La cession de parts sociales doit être constatée par écrit. Elle est rendue opposable à la société dans les formes prévues à l'article 1690 ou, si les statuts le stipulent, par transfert sur les registres de la société.

Annexe 2

Elle n'est opposable aux tiers qu'après accomplissement de ces formalités et après publication.

Article 1866. Les parts sociales peuvent faire l'objet d'un nantissement constaté, soit par acte authentique, soit par acte sous signatures privées signifié à la société ou accepté par elle dans un acte authentique, et donnant lieu à une publicité dont la date détermine le rang des créanciers nantis. Ceux dont les titres sont publiés le même jour viennent en concurrence.

Le privilège du créancier gagiste subsiste sur les droits sociaux nantis, par le seul fait de la publication du nantissement.

Article 1867. Tout associé peut obtenir des autres associés leur consentement à un projet de nantissement dans les mêmes conditions que leur agrément à une cession de parts.

Le consentement donné au projet de nantissement emporte agrément du cessionnaire en cas de réalisation forcée des parts sociales à la condition que cette réalisation soit notifiée un mois avant la vente aux associés et à la société.

Chaque associé peut se substituer à l'acquéreur dans un délai de cinq jours francs à compter de la vente. Si plusieurs associés exercent cette faculté, ils sont, sauf clause ou convention contraire, réputés acquéreurs à proportion du nombre de parts qu'ils détenaient antérieurement. Si aucun associé n'exerce cette faculté, la société peut racheter les parts elle-même, en vue de leur annulation.

Article 1868. La réalisation forcée qui ne procède pas d'un nantissement auquel les autres associés ont donné leur consentement doit pareillement être notifiée un mois avant la vente aux associés et à la société.

Les associés peuvent, dans ce délai, décider la dissolution de la société ou l'acquisition des parts dans les conditions prévues aux articles 1862 et 1863.

Si la vente a eu lieu, les associés ou la société peuvent exercer la faculté de substitution qui leur est reconnue par l'article 1867. Le non-exercice de cette faculté emporte agrément de l'acquéreur.

Article 1869. Sans préjudice des droits des tiers, un associé peut se retirer totalement ou partiellement de la société, dans les conditions prévues par les statuts ou, à défaut, après autorisation donnée par une décision unanime des autres associés. Ce retrait peut également être autorisé pour justes motifs par une décision de justice. À moins qu'il ne soit fait application de l'article 1844-9 (3e alinéa), l'associé qui se retire a droit au remboursement de la valeur de ses droits sociaux, fixée, à défaut d'accord amiable, conformément à l'article 1843-4.

Article 1870. La société n'est pas dissoute par le décès d'un associé, mais continue avec ses héritiers ou légataires, sauf à prévoir dans les statuts qu'ils doivent être agréés par les associés.

Il peut toutefois, être convenu que ce décès entraînera la dissolution de la société ou que celle-ci continuera avec les seuls associés survivants.

Il peut également être convenu que la société continuera soit avec le conjoint survivant, soit avec un ou plusieurs des héritiers, soit avec toute autre personne désignée par les statuts ou, si ceux-ci l'autorisent, par disposition testamentaire.

Sauf clause contraire des statuts, lorsque la succession est dévolue à une personne morale, celle-ci ne peut devenir associée qu'avec l'agrément des autres associés, donné selon les conditions statutaires ou, à défaut, par l'accord unanime des associés.

Annexe 2

Article 1870-1. Les héritiers ou légataires qui ne deviennent pas associés n'ont droit qu'à la valeur des parts sociales de leur auteur. Cette valeur doit leur être payée par les nouveaux titulaires des parts ou par la société elle-même si celle-ci les a rachetées en vue de leur annulation.

La valeur de ces droits sociaux est déterminée au jour du décès dans les conditions prévues à l'article 1843-4.

Annexe 2